U0105149

华 夏 传 统 政 治 文 明 书 系

走向大一统

马平安 著

团结出版社

图书在版编目（ＣＩＰ）数据

走向大一统 / 马平安著. -- 北京 ： 团结出版社，
2018.9
ISBN 978-7-5126-6245-2

Ⅰ．①走… Ⅱ．①马… Ⅲ．①政治制度史－研究－中
国－古代 Ⅳ．①D691

中国版本图书馆 CIP 数据核字 (2018) 第 072681 号

出　　版：团结出版社
　　　　　（北京市东城区东皇城根南街 84 号　　邮编：100006）
电　　话：(010) 65228880　65244790　（出版社）
　　　　　(010) 65238766　85113874　65133603（发行部）
　　　　　(010) 65133603（邮购）
网　　址：http://www.tjpress.com
E-mail：zb65244790@vip.163.com
　　　　　fx65133603@163.com（发行部邮购）
经　　销：全国新华书店
印　　装：三河市东方印刷有限公司

开　　本：145mm×210mm　　　32 开
印　　张：8.875
字　　数：160 千字
印　　数：5045
版　　次：2018 年 9 月　第 1 版
印　　次：2018 年 9 月　第 1 次印刷

书　　号：978-7-5126-6245-2
定　　价：32.80 元

序　言

"华夏传统政治文明"书系很快就要出版了，团结出版社的同志要我在前面说上几句话。

这四本书分别是：《走向大一统》《传统士人的家国天下》《政治家与古代国家治理》以及《晚清政治地图——十九世纪中期以来的中国和世界》。

四书的写作，既有个人文化使命担当的考量，也有新时代新气象召唤的使然。

一是梳理、总结中国政治智慧及政治文化资源的需要。中国是一个传统政治文化资源极其丰富的国度，上下五千年，政治智慧斑斓多彩。这是一份极其珍贵的文化遗产，需要国人去学习，去继承，去发展。这是中国文化走向世界，展现自己魅力的一份自信与实现中华民族伟大复兴不可或缺的一种动力。中国传统政治文化自有自己独特的魅力和特质。五千余年的历史长河，早已经铸就了极具东方特色的政治文化。这种政治文化从五帝时代开始，经过历代大浪淘沙，不断积累，不仅成为中华民族一笔巨大的文化财富，而且也成为世界政治文化的一份独特因子。它不仅是中国的，而且更是世界的。这笔财富必须继承，必须发展，更必须由人民大众来继承与发展，只有让人民大众皆知这笔财富之丰富、之重要、之价值，这笔财富才能够真正焕发出青春的活力，才能在中华民族伟大复兴中发挥它应有的、无可替代的巨大驱动作用。

二是新时代文化传播的形势发展和读者的学习需要。观现下图书市场，从通史角度对政治史概括和总结的书籍并不算多，尤其是尝试走出学术金字塔，力图从启蒙、普及、宣传、教化、通俗等角度尝试对五千余年中国传统政治文明进行梳理、分类、总结、扬弃，用大众学术精品思路铸就相关种类的书籍作品就更是寥寥。个人以为，学人的学术研究固然重要，但让自己学术成果走向大众，承担移风易俗、化育人心的责任，也同样具有十分重要的价值和意义。如果连中国古典文化、中国政治历史脉络大致是个怎样的状况，也因为研究者作品文字晦涩难懂而不能为广大民众所了解、所认可、所接受、所喜爱，不能由此登堂入室，学有所得，就不足以说明今日学术昌盛与文化发达。

三是源于本人的学术情怀及对大众学术门径的初步探索。古人治学，很注意在经济、义理、考据、辞章四个方向上同时着力，并不顾此失彼，相反倒是格局阔大，气象万千，文质彬彬，尽量在内容、意境、形式等方面追求尽善尽美，追求天人合一，追求修齐治平。这种文以载道，为天地立心，为生民立命，为万世开太平，为往圣继绝学的远大志向与目标，应该成为今日我辈努力的方向。大众学术作品就是在继承先人优秀文化传统的基础上，面向大众，服务大众，传递真善美，传递向上向善的价值观，让人们发现历史的美、文化的美、知识的美。就大众学术作品而言，首先，它应该是学术实践和思想思考的产物，是学术力与思想力的有机统一，应该是真实、严肃，充满正能量，具有感染力的东西。其次，它的服务对象应该是人民大众。这就需要它的形式、文字等要生动活泼，内容、逻辑等要深入浅出，而不是语言诘屈聱牙，内容抽象艰深而令人难学难懂。

就四书而言，各书内容虽然侧重点不同，但彼此之间又具有严格的内在联系，是对华夏传统政治文明的一种鸟瞰式的观察与小结。

《走向大一统》主要是从制度史角度对华夏早期政治文明史所作的一种简单的概括与梳理。

中国是一个传统政治文明积淀深厚的国度。大一统构成了这个地大物博、历史悠久、文化深厚的古老而常新的国度中传统政治文化的最大格局和最鲜明的符号与特征。

从中国现代政治的结构要素来看，中国现代政治与传统政治之间似乎没有直接的关系，其模式与建构成分主要来自西方所开启的现代政治文明体系，是工业化社会的产物。然而，我们不应忘记，中国现代政治是中国人自己建构起来的。尽管近代中国人在救亡形势下直接采取拿来主义，力图超越中国传统政治的价值观念与制度系统，但其所立足的政治和文化氛围仍然还是几千年延续下来的中国社会的文化体系及其价值观念等等。由此导致的一个尴尬现象是，在西方人的眼中，中国现代政治不是西方的正统模式，因而将之打入另册；而在现代中国人看来，中国现代政治不是从中国文明中自生自长出来的，是学来的，很多人也对之采取不痛不痒的态度。这种情况，就使得中国现代政治缺乏有效的自我认同与国际认同，它无法明晰地告诉世人：它是什么？从何而来？为何如此？价值何在？存在理由何在？这是当前中国政治史研究中所面临的一个难题。

就中国现代政治建构而言，人们固然可以依据现代化发展所带来的人的社会存在方式变化来探索、来建构、来说明。然而，它却无法摆脱中国人在几千年历史、社会与文化发展中所形成的独特族群存在方式及其文化价值观念的影响。对于从西周开始具有三千多年大一统的传统而言，中国人在现代国家建构中维系统一国家的行动与维系大一统的中华民族的行动是紧密联系在一起的。在传统中国，国家的统一与中华民族的大一统结构是相互影响、相互塑造、相互补充、相互促进、相互发展完善的一个和谐共生的过程，这使得中华民族大一统结构成为传统中国向现代国家转型所必须面对的现实基础和内在要求。对于传统中国社会来说，大一统既是一种政治形态，但同时也是中华民族得以生存和发展的组织形态及其文化心理形态。正是这种综合意义上的大一统，使得中国文明与中华民族能够延续、发展至今，并且还会不断地更加完善和发展下去。

《传统士人的家国天下》则是从思想史的角度对中国古代最著名的十二位思想家的主要思想进行简单的概括与介绍。

孔子是儒家学派的创始人。孔子的思想学说主要反映在《论语》《孔子家语》以及他所编定的"六艺"等书中。孔子的"仁""礼"政治思想及其高尚人生追求，他对夏商周三代文化的继承发展，他所提出的人生价值理念以及诸多解决社会问题的方案等等，都对后世的中国人影响至深至远。

孔子的学生曾参曾作《大学》一文，主张大学之道在明明德，在亲民，在止于至善。他提出人的修身实践路径——格物、致知、诚意、正心、修身、齐家、治国、平天下，至今仍为人们所尊奉、所实践。

孔子的孙子子思则在其祖父学问的基础上，进一步完善了"中庸"这条儒家最高的力行准则，要求人们注重"慎独"、立定"中"道，在好坏、快慢两个极端之间进行折中，做到不偏不倚，既不过分，也不要不及。中庸之道就是要求人们遵守社会的既定秩序，安于自己的社会地位，不做越位非分的事情。

像孔子一样，战国时期的儒家代表人物孟子也十分热衷政治事业，以一肩担承道统自任。为了推行儒家的政治主张，孟子曾周游列国，到过魏、齐、滕、鲁等国，极力游说他的"王道"和"仁政"的政治主张，虽然整个过程极其艰难坎坷，没有诸侯愿意采纳他的政治主张，但并没有击垮他的理想信念。孟子仕途不顺，最后退居讲学著书，"述仲尼之意，作《孟子》七篇"。他的思想，对后世也具有很大的影响。

荀子是战国时期继孟子稍后的另一位儒学大师。荀子以儒学为本，但并不以此为牢笼，而是博学广采，集诸子百家之所长，熔儒家的礼与法家的法为一炉，取儒法之精华，弃儒法之糟粕，别开天地，开后世历代君主专制治理理论之先河。他培养出像韩非与李斯这样对中国历史具有深远影响的学生，一位成为中国早期法家的集大成者，另一位则成为大秦帝国制度的草创者。

老子是道家学派的创始人。经过两千余年世界文化长河的大浪淘沙，《道德经》已经被证明是人类文化史上真正瑰宝之一，成为超越国界、人生修养必备的最重要的宝典之一。据有人统计，《道德经》在全球的销售量仅仅次于《圣经》，居第二位。老子思想与孔子思想一样，早已经成为中华民族文化传统中的最精髓部分。

　　韩非是中国古代法术势思想的集大成者。人们公认，他吸收了公孙鞅的"法"，申不害的"术"，慎到的"势"，同时又吸取了老子、荀子等人思想中的积极成分，经过个人熔铸和创新，使法、术、势三者有机地融合为一体，从而构成了中国法家完整的政治理论思想体系，其专著《韩非子》成为独具特色的中国帝王学的经典范本。

　　董仲舒是西汉时期著名的思想家、理论家。他上承孔子，下启朱熹，对中国儒家学说的继承与发展起到了十分重要的承接作用。董仲舒以天为主导，以天人关系为轴心，以阴阳五行为材料，创造出一套以儒家学说为核心的，融合了先秦诸子思想的天人感应说、三纲五常说，并将它成功实践于国家政治与社会生活的各个领域。经过他的大力提倡，儒家学说成为汉帝国的官方意识形态，儒家学说也从此成为中国传统政治思想的主干，从汉至清，一直在中国思想界与官方的意识形态中处于统治的地位。

　　朱熹是中国古代著名的思想家、经学家，宋代理学的集大成者，南宋"闽学"的开山者。自元朝中期恢复科举制度后，朱熹的《四书集注》被定为官方科举考试的标准解释，朱熹理学作为官方意识形态主导思想的地位正式确立，直到1905年清廷废除科举制度，朱子之学统治中国思想界、教育界长达八百余年。

王阳明是中国心学的集大成者。他一生的活动，主要表现在两个方面：一是"破山中贼"；一是"破心中贼"。前者是指他消弭民间动乱、维护明王朝统治秩序的事功；后者是指其建立心学理论体系的学术成就。他以"辅君""淑民"为目的，在南宋陆九渊开创的心学基础上，发展和奠定了中国心学的理论体系。他精通儒、道、佛等诸家学说，是中国封建社会后期著名的哲学家、教育家、军事家、政治家，更是宋明心学的集大成者。

顾炎武是明末清初著名的思想家、学者。他在经学、史学、音韵、小学、金石考古、方志舆地以及诗文诸学等方面，皆有独到的建树。他为学以经世致用的鲜明旨趣、朴实归纳的考据方法、开辟榛莽的探索精神，以及他在众多学术领域的杰出成就，宣告了晚明空疏学风的终结，开有清一代朴学风气之先，是乾嘉汉学的"不祧之祖"。他提出的"天下兴亡，匹夫有责"的政治理念，成为激励中华民族奋进不息的精神力量。

黄宗羲则是明末清初著名的政治思想家。他提倡经世致用，于经史百家及天文、算术、乐律以及释、道无不用心研究，在学术上以"濂洛之统，综合诸家"，他的《明儒学案》《宋元学案》《明夷待访录》等鸿篇巨制，皆成为中国古代政治思想史上的不朽篇章。他的学说对曾国藩、毛泽东、蒋介石等皆有很大的影响。

《政治家与古代国家治理》是从管理史角度对中国古代十大政治家的核心政治智慧以及主要政治治理成就等方面进行初步总结和探讨。

周公是中国政治与文化史上一位极为重要的人物，谈中国传统的宗法制度、封建制度、礼乐文化，谈人文化成，谈儒家道统，都离不开周公。更为重要的是，周公对于中国传统文化价值体系的形成和发展，有着独特、杰出的贡献。他一生辅佐武王和成王，在政治上有大作为，在文化上有大开拓。他尊重传统，注意以史为鉴。他所开创的以德治国的治理模式以及早期人文主义精神，对后世中华文化传统及其政治治理都产生了极为深远的影响，为后世中国留下了不可磨灭的印记。

管仲是中国春秋时期一位杰出的政治家、思想家、军事家、改革家。他辅佐齐桓公治理齐国，在经济上，农商并重，使齐国成为当时各诸侯国中工商业最发达的国家。在政治外交上，他采取以法治国与尊王攘夷的政策，"九合诸侯，一匡天下"，帮助齐桓公建立了春秋早期的霸业。无论是在维护华夏文化之统绪，还是在创造华夏文化之新质等方面，他都做出了卓越的贡献。

商鞅是战国时期一位杰出的改革家。他以铁血手段与言必行、行必果的变法改革，开启了秦国统一天下大业的总枢纽。商鞅变法，无论对当时的秦国，还是对后世中国政治之变化，皆具有十分重要的影响。

秦始皇开创的中央集权帝国政治以及他所创制的若干重要政治制度，特别是皇帝制度、郡县制度、官僚制度等，对此后两千多年的中国政治发生了重要而深刻的影响。作为历史上第一个实现了统一的高度集权的秦帝国，其执政的理论基础即是法家的以吏为师、以法治国、以刑去刑、事皆决于法的基本思想，这为后世中国政治提供了一种颇具参考价值的治理模式。

刘邦是汉帝国的创立者。他承袭了秦帝国的全部国家制度，并且根据汉初的实际情况采用了黄老治国之道，在政治上、经济上采取清静无为、与民休息的治理政策，这不但让汉政权顺利实现了"秦果汉收"，而且还开创了中国帝制时代的第一个盛世——大汉盛世的到来。

汉武帝刘彻在位期间，北击匈奴，经营西域，设郡辽东，统一两粤、西南夷等地，使汉朝疆域版图超过了大秦帝国。更重要的是，汉武帝在治国理政诸多方面可谓开前人所未有。他罢黜百家独尊儒术，用儒家学说作为治理国家的指导思想，开创了中国思想界的大一统。在尊儒的同时，他又博采百家，重视法治。他的霸王道杂用之法，开创了后世统治者治术的百代之风。他所启动的古代丝绸之路，开创了中国与世界各国政治、经济、文化往来的先河。

唐太宗是继汉武帝之后中国历史上又一位杰出的政治家。

他统治时期，将三省六部制度高度完善，诸项治理措施得当而效果明显，国家政治清明、经济繁荣、百姓安居乐业、政绩可圈可点，他一手启动了大唐盛世。

宋太祖以文抑武，实行文官治国，代表了当时历史发展的正确方向。宋太祖的文治思想，其基本内涵就是将科举取士与文官政治相结合。他确立殿试制度，培养天子门生，压抑世家大族，改变武人政治，士大夫从此成为赵宋王朝统治大厦的基石与支柱。士大夫与皇帝共治天下构成赵宋王朝统治的主要特色，对后世中国的官僚政治影响很大。

张居正执政期间，面对明王朝出现的财政困难、政治腐败、边防松弛等状况，以其缜密而又远见卓识的谋略和果敢魄力，在政治、经济、军事等方面大刀阔斧地拨乱反正。通过他的强有力的改革，暂时解决了明王朝积重难返的一系列老大难问题。张居正的改革，就那个时代看，是非常成功的，改革也在一定程度上达到了富国强兵的目的。

康熙帝是中国历史上一位著名的政治人物。他在位六十年，文治武功兼备。文治方面，他奖励垦荒，轻徭薄赋，惩治贪污，以儒家思想治国；武功方面，他平定三藩，收复台湾，消灭噶尔丹反叛势力，进一步加强对西藏的管辖，将沙俄侵略势力赶出东北地区、实现中俄东端划界。他的业绩，为清王朝的强盛奠定了坚固的基础。

《晚清政治地图——十九世纪中期以来的中国和世界》则是从中国早期现代化史角度将中国置于世界变化发展的视野中来综合考察晚清政府的施政得失。

从秦始皇开创中华帝制，到十九世纪中期清王朝的统治出现严重危机，经过两千多年风风雨雨的侵蚀与打击，帝制这种政治运作模式已经存在太多的问题。不仅如此，屋漏偏逢连夜雨，就在传统中国政治正在寻求转型之际，以英国为首的西方列强已经完成了从农业社会到工业社会的转型，在坚船利炮开道下，他们将侵略的矛头指向了闭关锁国、自给自足的中国。在民族、国家前途出现重大生存危机的情况下，运用传统帝国制度的清政府又不能及时调整转型，对内不能革新，对外不能开放。最终，因为制度的缺陷与治理的不力，国人将全部过失清算在了帝制代表者的清政府身上，中华帝国制度也就随着清王朝的灭亡而退出了中国历史的舞台。

总结起来，清王朝统治之溃堤，从其内部来看，决非是一日之失。

清政府在1840年直至1912年在国策上所犯的错误主要有：

第一，昧于对世界大势的了解与掌握。自乾隆晚年起，面对西方国家一次又一次在政治、经济、外交上不断采取行动、意欲与中国进行沟通的现实，清政府抱着传统的夷夏观念不放，对世界形势缺乏清醒的认识，统治者不去积极了解世界已经变化了的形势，继续固步自封，结果一再丧失调整与发展自己的宝贵时机。孙中山说：世界潮流浩浩荡荡，顺之者昌，逆之者亡。观念落后，必然造成被动挨打的局面。

第二，缺乏自强自立的决心与恒心。面对西方列强的炮舰政策，清政府没有自强自立的一个长期决心，不去积极建设国防现代化、逐步改良政治、发展经济与文化，对外政策也只是以抚为主，以和为贵。真正认清世界形势的只有曾国藩、李鸿章等少数有眼光的地方督抚。他们虽然也发起过洋务自强运动，但由于不是中央政府的自发自强行为，其结果自然也就可想而知。晚清七十年，清政府的国防现代化始终没有真正启动起来。

第三，吏治腐败，权力基础癌变。晚清官场腐败黑暗，官吏做官的目的大多是求名求利，从中央到地方，没有人将国家振兴、百姓安足的事情放在心上。官员们只知贪财索贿，取宠保荣，维护国家基础的权力场已经彻底发生了病变。面对这种情况，清政府束手无策，最终官逼民反，致使统治者最终丧失了先辈们通过努力好不容易才在国民心目中建立起来的政治合法性资源。

第四，高层统治阶层争斗不停，严重削弱了自己统治的基础，最终引发了统治危机。从道光开始直到宣统时期，统治集团内部高层争斗不断。决策层不是团结一致共同对外，而是权力倾轧、利益集团崛起，这必然会引发统治混乱，从而给野心家们乱国乱政提供机会。

第五，在中央与地方关系问题上，基本上保持的是内轻外重的一种不正常的状态。经过太平天国运动、洋务运动与义和团运动，地方督抚逐渐侵夺了原本属于中央政府的诸多军政大权，尤其是经过曾国藩集团、李鸿章集团、袁世凯集团接力棒式的侵夺、腐蚀，清政府赖以维护统治的暴力工具如军队与警察最终为地方督抚及其他异己的利益集团所控制，这是引发清政府垮台的一个重要原因。

第六，利益集团的政治鼓荡。在改革过程中，清政府实际上并没有得到什么好处，相反，倒培养出了三个异己的利益集团。它们一个是以张謇为代表的国内立宪派集团。这个集团以新生的商人阶层与士大夫精英阶层为核心力量。另一个则是以袁世凯为代表的北洋军事官僚集团。这个集团以官僚阶层与军人阶层为根本。第三个是以留学生为首的各省新军团体。正是这三个利益集团不断的政治诉求与政治鼓荡，耗尽了大清帝国最后一点生存能量。因为对在清末新政过程中这三个新生的利益集团处置不力，最终导致三者在根本利益一致的情况下合流，并利用辛亥革命之机与革命党人联手推翻了清政府。

第七，最高统治者缺乏调整政策实现政治转型的应变能力。面对政治改革与对外开放所带来的一系列政治压力，清政府不是积极去根据国民的要求与形势的变化及时对政治体制进行必要、合理的调整，而是顽固守旧，能拖则拖，一再丧失其利用合法性资源及时实现政治转型的宝贵时机。虽然清政府在武昌起义后颁布了十九信条，宣布全面实现立宪，但正如雨后送伞，全然没有了任何的用处，最终民心尽失。

第八，高层满汉联盟的彻底破裂。清王朝的统治与历代王朝相比，明显有一个不同的特点，这就是清王朝是以满洲贵族为主体的满汉联盟的一代政权。清前中期这个政权所以能够从小到大，从弱到强，直至成为代表中国的合法性政权，关键之一就在于最高统治者深知满汉联盟的重要性。早期在统一过程中，满汉联盟起到了决定性的作用，但在彻底实现对全国统治的过程中，满汉地主阶级联盟的作用愈来愈大。特别是太平天国、义和团运动以后，清王朝的统治基础已经完全为汉人督抚所代替。到清末，汉人与满洲贵族联盟的代表只剩下了张之洞、袁世凯两个人。张之洞在1909年病逝，袁世凯则在1908年已被摄政王载沣罢黜回家。张之洞病逝与袁世凯被罢黜，标志着最高统治集团内部的满汉联盟彻底瓦解，表明清政府统治基础已经彻底崩溃，这就为以孙中山为首的革命党人的反清革命创造了良好的条件。

第九，清政府垮台于辛亥革命，但能够决定当时中国政治走向的力量却握在袁世凯集团的手中。辛亥革命为袁世凯重新翻盘提供了机会。没有辛亥革命，在皇权体制下，袁世凯很可能会终老于林泉。但没有袁世凯对清政府的背叛及其夺取政权的野心，辛亥革命的前途似乎也充满变数。此时的袁世凯重兵在握，他一手培植和始终暗中控制的北洋军是无人可以匹敌的，因为它本身就是清政府的依靠力量，而南方政权的军队又大多是临时组织而未经训练的新兵队伍，战斗力相对不强。可以这样说，当时只有袁世凯具有翻手为云、覆手为雨的力量，他也因此成为南北双方争相利用的抢手货。南方许其以临时大总统职位促其早日"反正"，以结束清王朝的专制统治；清政府则不得不屡次为其加官晋爵，以致使自己的命运完全捏在袁世凯的手中，为其彻底出卖自己提供了充分的条件。这个千载难逢或者说是古今中外历史上绝无仅有的"机遇"出现在袁世凯的面前，何去何从任由自便。既然清政府在1908年已经抛弃了袁世凯，在这个决定王朝命运的重大历史关头，袁世凯自然也就不会去做第二个曾国藩，用北洋军的力量去彻底平定革命派的反政府运动。这样，清政府垮台的命运最终也就不可避免。客观地说，清王朝与其说是被革命推翻的，倒不如说是因为维护自己统治的内部机制迅速烂掉而灭亡更为恰当。中外大量事实表明，堡垒往往是从内部攻破的，长于内斗、短于外争的政府是没有前途的。

总之，"华夏传统政治文明"书系是从总结政治和历史经验的角度，对中国数千年传统政治文明所作的一点简单梳理、概括和剖析，力图从中找出一点规律性、代表性的东西分享给大家，如其中能有一言片语为读者大众所接受、所运化，则笔者一片苦心即不算白费。写到这里，魏武帝曹操《短歌行》中的一句话忽然跳上心头："青青子衿，悠悠我心，但为君故，沉吟至今。"是啊！世间有做事之人，如管仲、商鞅；世间也有行教之人，如孔子、孟子。人生一世不能如草木一秋，总应该做点力所能及的事情，总应该让自己有所绽放才是。我辈不才，仰望圣人如观日月，力虽不逮，不等于只能空耗余生。小子狂妄，敢用李太白"天生我材必有用"、顾炎武"国家兴亡，匹夫有责"之言来勉励自己。值今日盛世年华，不用为衣食住行操心，更应该集中心力扬鞭奋蹄、致力耕读，以为民族文化继承和传播尽一份心，虽力不能至，然心向往之。

最后，四书只是笔者之谬言，不足之处在所难免，欢迎大家批评指正。

马平安

2018年夏于京西大有北里宿舍

目　录

第一章　大一统溯源
——万邦时代的远古政治

华夏文明是在一次又一次的搏击冲撞和交汇融通中逐渐诞生的。黄帝、炎帝与蚩尤是中华民族公认的三大始祖，他们开创式的作为，构成了中国政治史的活水源头。

尧舜禅让之事，法家从现实利益与利害角度出发，认为此事不可信，"篡位夺权"更可信；墨家将之归于"选贤"；儒家将之描绘成彬彬有礼的"礼让"。到底是"让"，是"选"，还是"篡"，这需我们认真辨析，从历史演进的常态中去尽可能把握这一历史事实的真相。

第一节 黄帝、炎帝、蚩尤间的斗争

天地玄黄，宇宙洪荒。

华夏文明是在一次又一次的搏击冲撞和交汇融通中逐渐诞生与发展起来的。

从古史传说来看，昆仑神山、轩辕古国、大洪水时代的生存空间之争等等都构成了华夏早期政治文明史的开端。

黄帝、炎帝与蚩尤成为中华民族公认的三大始祖。

他们的情况，构成了中国政治史的源头。

据学者考证，五帝时代，黄帝部落是活跃于北方的一支游牧部落。"昆仑山的原型在内蒙古阴山地区；轩辕古国在河北北部、内蒙古东南部、辽宁西部的森林、草原间。"① 炎帝部落是生活在黄河流域中游的一支从事农业生产的氏族部落。蚩尤部落则是东夷以狩猎为主的氏族部落。

距今5000年前后，气候骤变，生存环境恶化。迫于生存压力，黄帝龙族团部落挥师南下，在阪泉、涿鹿同属于华族团的炎帝、蚩尤等部落发生大规模战争，炎帝战败、蚩尤被杀，炎黄从此组

---

① 逯宏著：《中国五帝时代——北方传说时代多元文化融合研究》，摘要，中国社会科学出版社2017年版，第1页。

成新的婚姻联盟，华夏政治文明史从此进入了一个新的发展阶段。

黄帝、炎帝与蚩尤之事，经司马迁"非好学深思，心知其意，固难为浅见寡闻道也"的认真严谨审视，载入《史记·五帝本纪》中。司马迁很重视轩辕、炎帝与蚩尤之间战争的意义，他认为，正是由于轩辕战胜了炎帝与蚩尤，才使轩辕氏成为黄帝，列于五帝之首，开创了华夏政治文明的先河。

司马迁说：

> 轩辕之时，神农氏世衰，诸侯相侵伐，暴虐百姓，而神农氏弗能征，于是轩辕乃习用干戈，以征不享，诸侯咸来宾从。而蚩尤最暴，莫能伐。炎帝欲侵陵诸侯。[1]

这说明，轩辕氏兴起之时，中原大地居统治地位的部落是神农氏，即炎帝部族，他在"诸侯相侵伐"之时，由于世衰而无能为力，中原地区各部族依凭所据的一方物质资源不断壮大实力，开始对原本以农业文明较为发达的神农氏部落产生怠慢之心，各部族之间为争夺生存与发展权而战争不断。这时，北方实力较为强盛的轩辕氏部落，倚仗武力"以征不享"者，起而取代炎帝部落，在中原"诸侯"中取得了统治地位，并进而征服了其他众多不服从的部落，扩大了本部族统治的地域。

---

[1] 《史记·五帝本纪》。

在部落联盟形成的过程中，神农氏部落的统治地位遇到别的氏族部落的挑战与背叛，"炎帝欲侵陵诸侯"，即用武力征服不顺从的部落，这本是再正常不过的事情。

太史公从大一统的正统观点出发，尊黄帝，贬炎帝，其理由也同样无可挑剔。只不过，他没有明白说明这样一条政治发展的规律即实力原理：

实力是决定成败的最基本条件。

成功者是靠拳头发言的。

政治成败，实力至尊。

当时，除神农氏外，蚩尤部族亦难以征服。

问题很清楚，在这华夏族进入英雄时代的当口，在中国广大地域中，存在着轩辕、炎帝和蚩尤三大氏族部落集团的鼎立对峙，一时难以出现一个统一的局面，逐鹿中原的战云笼罩在中原大地的上空。

面对这种长期对峙、战乱不断的局面，势力迅速发展的轩辕氏部族，为战胜炎帝、蚩尤部族，进行了充分的物质与军事准备。

首先，黄帝决定先行征服炎帝势力集团。

"黄帝之谋炎帝也久矣。"[①]

"至黄帝时，生齿日繁，民族竞争之祸，乃不能不起。遂有炎帝、

---

① 《夏曾佑集》下，上海古籍出版社2011年版，第796—797页。

黄帝、蚩尤之战事，而中国文化，借以开焉。"①

此时，炎帝部族虽已经势力衰落，但要完全征服之也并非易事，对此，司马迁简要概括说："炎帝欲侵陵诸侯，诸侯咸归轩辕。轩辕乃修德振兵，治五气，艺五种，抚万民，度四方，教熊罴貔貅䝙虎，以与炎帝战于阪泉之野。三战，然后得其志。"②

这个记载表明，轩辕氏与炎帝相比，"诸侯咸归轩辕"，说明其实力与人气旺盛，为与炎帝决战奠定了良好基础。同时，黄帝认真准备，对"艺五种"即将黍、稷、菽、麦、稻主要食粮作为战备条件，以备战士战争中食用；他振兵修武，教士卒习战练武，以猛兽之名命名，显示军威；度四方部族，理顺人心，以支持他的统一战争。正是由于黄帝有组织有计划地进行了充分的准备，凭借其部落强大的力量，加上其他背叛炎帝的部落的支持，所以经过多次的交战，最终取得了对炎帝部落战争的胜利。贾谊说："黄帝者，炎帝之兄也。炎帝无道，黄帝伐之涿鹿之野，血流漂杵，诛炎帝而兼其地，天下乃治。"③这说明黄帝、炎帝本为联姻的兄弟部族首领，由于利害严重冲突，自相残杀，且异常惨烈，由"血流漂杵"词句即可想象当时战争的残酷程度。战争以人类鲜血和

---

① 《夏曾佑集》下，上海古籍出版社2011年版，第796页。
② 《史记·五帝本纪》。
③ 《新书·益壤》。

生命为代价，却同时又为文明开辟新的路径。

炎黄两个部族的大战，奠定了黄帝族在中原部族中的统治地位。更重要的是，从此炎黄两个部落氏族群合二为一，成为华夏族正式形成的标志，亦为兼并蚩尤族群打下了基础。

接下来，黄帝又将征服蚩尤部落提上了日程。

蚩尤是一个怎样的人物？

他与炎帝、黄帝之间究竟有着怎样的传奇故事？

史籍中相关的资料少而纷乱。

《世本》言："蚩尤，神农臣也。"

《大戴礼记·用兵》说："蚩尤，庶人之贪者也。"

《尚书·吕刑》传文引马融之言云："蚩尤是少暤末九黎之君号。"

《韩非子·十过》说："昔者黄帝合鬼神于泰山之上，驾象车而六蛟龙，毕方并辖，蚩尤居前，风伯进扫，雨师洒道，虎狼在前，鬼神在后，腾蛇伏地，凤凰覆上，大合鬼神，作为清角。"

上述这些记载虽然众说纷纭，甚至具有神话色彩，但毕竟还是可以理出一个头绪的。《世本》说蚩尤是神农之臣属，《逸周书·尝麦篇》亦言："蚩尤乃赤帝臣。"这说明蚩尤曾一度归顺神农。神农氏后来衰落，众部族相互侵伐，不听从神农，蚩尤自然也是如此。《韩非子》中说，黄帝曾集众部族于泰山之巅，奏着黄帝之琴，"蚩尤居前"，立于一个显著的地位，这说明在神农氏衰落、轩辕氏取而代之时，蚩尤曾一度归顺轩辕氏，在众部族中，因为持有强大的实力，而地位"居前"。

在《尚书》传注中言，蚩尤是九黎之君，三苗是九黎的后裔；又言少暭本是九黎之君，少暭是东夷部族首领，很可能原先蚩尤部族为东夷一支，后其势力因武器装备得以改进而迅速壮大。

关于蚩尤"作兵"，史籍记载说："葛卢之山发而出水，金从之，蚩尤受而制之，以为剑、铠、矛、戟，是岁相兼者诸侯九。雍孤之山发而出水，金从之，蚩尤受而制之，以为雍狐之戟、芮戈，是岁相兼者诸侯十二。故天下之君，顿戟一怒，伏尸满野，此见戈之本也。"[1]

崛起后的蚩尤部族在东夷、苗蛮地域兼并达"八十一兄弟"，即形成一个非常庞大的部落联盟集团，起先成为神农氏部落联盟中的一支，后来又归顺于轩辕氏，最后又叛轩辕氏形成三足鼎立，乃至势不两立的局面。

由于蚩尤联合了东部及南部众多的部族，先对神农氏、后对轩辕氏构成威胁，同时又先归顺神农氏、后归顺轩辕氏，以至于最后与其发生严重的冲突，进而与炎帝、轩辕氏争夺黄河中游的地盘。这是大洪水时代海水上升东夷部族被迫内迁以期生存，从

---

[1] 《管子·地数》。

而同中原氏族部落发生冲突的真实写照。

司马迁说："蚩尤作乱，不用帝命。"①

因此，轩辕氏在兼并了神农氏部族之后，又将解决蚩尤部落的问题提上了日程。

按照司马迁的叙述顺序，轩辕氏是在征服了炎帝部落后，才同蚩尤进行决战的。

司马迁在记述了轩辕战胜炎帝之后，接着说："黄帝乃征师诸侯，与蚩尤战于涿鹿之野，遂禽杀蚩尤。而诸侯咸尊轩辕为天子，代神农氏，是为黄帝。天下有不顺者，黄帝从而征之，平者去之，披山通道，未尝宁居。"②

关于黄帝战蚩尤之事，在《山海经》中有记载："蚩尤作兵伐黄帝，黄帝乃令应龙攻之冀州之野。应龙畜水，蚩尤请风伯、雨师，纵大风雨。黄帝乃下天女曰魃，雨止，遂杀蚩尤。"③

上述两则文献都记载了黄帝与蚩尤决战的简要经过，但又有略微不同，如《史记》言，由于蚩尤不听帝命，故黄帝举兵讨伐；而《山海经》则言蚩尤凭借自己有实力，主动发兵进攻黄帝，于是便展开大战。又，根据《归藏》中记载："蚩尤伐空桑，帝所

———————

① 《史记·五帝本纪》。

② 《史记·五帝本纪》。

③ 《山海经·大荒北经》。

居也。"①"空察"不知其所指，但蚩尤主动进攻黄帝部族却是很清楚的。

根据史籍记载，轩辕与蚩尤两个部族的交战，很可能是经历了相当长的一段时间。

有文献记载说："黄帝与蚩尤，九战九不胜。"②"九"是一个最大的概数，说明黄帝与蚩尤的战争，经过无数次的战斗，才最终取得胜利。

还有文献记载说："昔蚩尤暴横。黄帝举贤用能，诛强伐叛，以佐神农之理，三年百战，而功用未成。"③

上述这些文献记载皆说明，黄帝征战蚩尤，经历了一个较为漫长的过程。

炎帝、蚩尤部族敢与黄帝部族角逐，凭借两个重要的条件，一是他们拥有众多部族强有力的支持，二是他们有自己部族传统宗教意念作为精神力量，致使黄帝一度对他们束手无策。如在与蚩尤部族的战争中，有史籍记载说："黄帝摄政前，有蚩尤兄弟八十一人，并兽身人语，铜头铁额，食沙石子，造五兵，仗兵戟大弩，威振天下。诛杀无道，不慈不仁。万民欲令黄帝行天子事，黄帝

---

① 《全上古三代秦汉三国六朝文》第15辑。
② 《太平御览》卷15。
③ 《太平广记》卷13，《骊山姥》。

以仁义不能禁止蚩尤，遂不敌，乃仰天而叹，天遣玄女下授黄帝兵信神符，制伏蚩尤，节因使之主兵，以制八方。"这段出于《龙鱼河图》绘声绘色地充满了神秘色彩的文字，实质上是反映了在黄帝部落与蚩尤部落的战争中，蚩尤一度在军事上占有强势，因此轩辕才会"仰天而叹"。

然而黄帝取得了最终胜利，蚩尤失败被杀，这说明黄帝比之蚩尤，具有更大的优势。

首先，黄帝与炎帝部族联合，这两大部族最先进入农耕文明，在物质文化与精神文化方面均优于蚩尤一方，且已形成一定的社会管理形式，因此，他们所建构的社会组织，代表着上古历史发展的方向，这是其制胜的基础。

其次，黄帝善于学习应用一切有利的条件，全力对付蚩尤，使蚩尤的优势转化为劣势。如黄帝用"畜水"战法，因为农耕文化中，对水有深刻认识，水犹兵也，利用水的特性进攻敌方；又如在广阔的山川和平野之地，风云不测，黄帝"作指南车，以别四方"，在战争中清楚认识敌我情势并取得胜利。在《孙子兵法》中，孙武总结黄帝制胜在"处军、相敌"，即配置军队、判断敌情方面，值得重视的有四：一是在山岳作战，应择据高向川之处，此谓"绝山依谷"；二是在河流地作战，应取居高向阳之处，此谓"绝水必远水"；三是在沼泽盐碱之地作战，应依水草而背树木扎营，此谓"绝斥泽，惟亟去无留"；在平原地作战，应选背高而通达、面临天然障碍之处，此谓"平陆处易"。孙子认为："凡此四军之利，黄帝所以胜四帝也。"①孙武认为黄帝之所以战胜周围部族的进攻，说明他有种种兵法，其中最主要的就是实行了这四项原则。至于传说中黄帝的战法是得于神人所赐，不过是后世为歌颂黄帝取胜而制造出来的一种玄奥故事罢了，不可以之为依据。

蚩尤死后，黄帝与蚩尤两大部族的旷日持久之战，终以蚩尤部族的失败而告结束。但蚩尤被杀后，天下只有相对的和平，历史遗留下来的问题还不可能在一日内化解，只能在社会前进中逐步整合与解决。

司马迁分析蚩尤死后的形势说："天下有不顺者，黄帝从而征之，平者去之，披山通道，未尝宁居。"②

这是符合历史实际的。

黄帝部族联合炎帝等部族的联盟，经过长期艰难的争斗，才最终战胜了强大的蚩尤"八十一兄弟"部落联盟。炎黄部族虽然胜利，但是蚩尤的显赫威名，也因此而传播遍四方。当时，天下并不太平，形势仍然严峻，作为一位大政治家，黄帝除了倚仗自己的智慧和部族力量，巩固和发展已取得的胜利成果外，也不得不借助蚩尤的名望，求得境内的绥靖平和。

---

① 《孙子兵法·行军》。

② 《史记·五帝本纪》

据唐人张守节在《史记正义》中记载：

> 蚩尤没后，天下复扰乱，黄帝遂画蚩尤形象以威天下，天下咸谓蚩尤不死，八方万邦皆为弭服。

这只能说明两个问题：

一、黄帝具有政治家的胸怀和大气。他为了天下的统一与安定，社会的进步与发展，民众的幸福与安康，不以胜利者自居，敢于将强敌蚩尤形象大白于天下，以示和好与敬意，争取原蚩尤部属的人心，减少旧日的仇恨，化解长期形成的积怨。这一举措显然收到了良好的效果。

二、蚩尤形象的再现，从客观上肯定了蚩尤刚强有为精神之可贵，画蚩尤的形象，即可弭服扰乱的"八方万邦"，由此可见蚩尤在民间的威望之高。"天下咸谓蚩尤不死"，蚩尤的英勇奋斗的精神，深深感染了当时各部族，既包括蚩尤的原部属，也包括炎黄部族的人们，成为后世天下公认的一笔精神财富。

这样，根据先秦诸子和两汉著述的评论，揭开那些云遮雾罩般神秘性的文字，可以清楚地看到，黄帝、炎帝与蚩尤的部落氏族之间，解决政治问题的终极办法是用战争的方式，主要凭借点还是各部实力强弱等因素。除了军事方式外，政治智慧亦是相当的重要。部族联盟在炎帝、蚩尤与黄帝大战时得到迅速发展。黄帝部族兴起之时，众部族依赖其所拥有的一方资源优势，得到充分发展，然而在激烈的竞争中，为了部族的生存与发展，他们必须选择部族联合的组织结构。在征战过程中，黄帝部族以武力同炎帝部族联合起来，蚩尤部族同"八十一兄弟"也实行结盟。蚩尤与黄帝的大战，继续沿着这一发展趋势，最终实观了三大族群的统一。通过战争，黄帝将众多部族融合成为一个相对合作与共存的群体，为中华民族早期政治形成与不断向前发展奠定了坚实的基础。

氏族部落联盟的出现，标志着上古社会的历史实现了跨越性的进步。

部族的融合必然导致早期华夏政治文明的迅速发展，加强各部族自远古以来形成的不同文化的交流。

正是由于这种不同文化的长期并存，相互借鉴，使中华政治文化从一开始，就形成一种兼容并包的优良传统。而这种传统，正是从黄帝时代开始形成的。

黄帝战胜炎帝部落后，轩辕氏与神农氏两个部族相互妥协。战胜蚩尤之后，由于蚩尤部族成员众多，又因为蚩尤乃为非凡之士，其人虽逝，但其声誉与功绩犹存，从而迫使黄帝及其部族郑重对待这一现实。

一方面，黄帝为此智慧性地选择了一种在政治思想文化领域中持开放与宽容的态度；

另一方面，他又真诚学习蚩尤部族的长处，如对天文地理的认识以及冶炼技术，以应用于发展社会生产方面；特别是黄帝命绘画蚩尤的形象，以威天下，求取社会安定，这种思想文化上的包容与开放，显示了黄帝的大度气魄与政治家的胸怀。黄帝不以成败论英雄，保留了蚩尤及其部族积极进取的精神，从而形成了一种闪光的和而不同的文化模式，这种允许不同文化形态的共同生存与相互交融，促进了上古政治与文化的创新与发展。正是在这个意义上，黄帝、炎帝与蚩尤三大部族共同开凿了中国远古政治文化的甘泉，奠定了中华政治文化整体发展的基础，为后来治理天下者树立了一个值得效法的榜样，他们理应成为中华民族的共祖。①

第二节　颛顼与共工部落之间的战争

在中国早期政治文明的传说中，除了炎帝、黄帝和蚩尤之间为争夺生存空间而不断发生的战争外，颛顼与共工之间的战争也颇负盛名。这些争斗，多少反映出我国先民们在迈进华夏文明门槛时的一些情况。

《淮南子·天文训》中说：

　　昔者共工与颛顼争为帝，怒而触不周之山，天柱折，地

———————

① 参引魏宗禹著：《论蚩尤与黄帝之战的历史文化意义 》，《湖南科技学院学报》2006 年第 2 期。

维绝。天倾西北，故日月星辰移焉；地不满东南，故水潦尘埃归焉。

毫无疑问，这是一则破天荒的神话，共工氏怎么可能把天地撞得东歪西斜呢？然而，虽然是神话的传说，但它毕竟是对我国早期历史的一种折射，从中能够找到原始部落时代先民们的一些早期政治朦胧时代的文明轨迹。

共工与颛顼之间争斗的传说流传很广，《淮南子》中的《天文训》《兵略训》及其他一些文献都提到过，然而与共工相战的并非仅有颛顼一帝：《淮南子·原道训》提到共工"与高辛争为帝"，《韩非子·外储说》说"（尧）举兵而流共工于幽州之都"，《孟子·万章上》提到"舜流共工于幽州"，《荀子·成相篇》则云"禹有功，抑下鸿，辟除民害逐共工"，可见史料传说之多样，亦见共工氏与帝颛顼、帝高辛、帝尧、帝舜、大禹皆有矛盾。《山海经·海内经》中明确提到：共工乃炎帝之后。而据《大戴礼记·帝系篇》可知，共工氏的对立面皆为黄帝后裔。由此可见，共工与颛顼之争，可以视为黄炎斗争的继续。

值得注意的是，春秋时郯子曾说过"共工氏以水纪，故为水师而水名"①，加之大多数有关共工的传说都与洪水有关，那么问

---

① 李学勤著：《春秋左传正义》，北京大学出版社1999年版，第1360—1361页。

题就来了——共工与黄帝后裔之间的斗争，究竟是因洪水而起，还是因争夺领导权而起呢？要解决这个问题，首先涉及对史前罕见洪水的正确认知。从《诗经》《尚书》到战国秦汉文献，有不少古籍追述了这场洪水以及共工与颛顼之争。如：

> 洪水芒芒，禹敷下土方。[1]
>
> 汤汤洪水方割，荡荡怀山襄陵，浩浩滔天。[2]
>
> 当尧之时，天下犹未平，洪水横流，泛滥于天下，草木畅茂，禽兽繁殖，五谷不登，禽兽逼人，兽蹄鸟迹之道交于中国……禹疏九河，瀹济、漯而注诸海，决汝、汉，排淮、泗而注之江，然后中国可得而食也。[3]
>
> 当尧之时，水逆行，泛滥于中国，蛇龙居之，民无所定，下者为巢，上者为营窟。《书》曰："洚水警余。"洚水者，洪水也。使禹治之，禹掘地而注之海，驱蛇龙而放之菹，水由地中行，江、淮、河、汉是也。险阻既远，鸟兽之害人者消，然后人得平土而居之。[4]
>
> 洪水滔天。鲧窃帝之息壤以堙洪水，不待帝命。帝令祝

---

① 《诗经·长发》。
② 《尚书·尧典》。
③ 《孟子·滕文公上》。
④ 《孟子·滕文公下》。

融杀鲧于羽郊。鲧复生禹。帝乃命禹卒布土以定九州。[1]

　　舜之时，共工振滔洪水，以薄空桑，龙门未开，吕梁未发，江、淮通流，四海溟涬，民皆上丘陵，赴树木。舜乃使禹疏三江五湖，开伊阙，导瀍、涧，平通沟陆，流注东海。鸿水漏，九州干，万民皆宁其性。[2]

大洪水传说主要发生在五帝中后期，这场旷日持久的治水斗争怎么看都像是炎帝后裔与黄帝后裔之间政治斗争的延续，反映了炎、黄后裔之间跟治水斗争纠缠在一起的矛盾与冲突。

总之，从黄帝与炎帝、蚩尤的阪泉、涿鹿大战，到以共工、颛顼为代表的炎、黄后裔间之激烈冲突，古史传说里的中国舞台焦点自北向南缓缓移动，黄帝及其后裔是这一系列族群冲突的胜利者。由于炎帝与蚩尤族群世居中原，比黄帝族群自然更适应大洪水的自然环境，而黄帝族裔则因为对洪水成因缺乏正确的认知，他们很容易把洪水理解为共工氏的报复手段。这样，五帝后期的大洪水传说便跟以共工、颛顼为代表的炎、黄后裔间激烈冲突很自然地纠缠在一起了。共工与颛顼的战争，实际的情况可能是由于水患问题而引发的部落之间的纷争。

---

[1]　《山海经·海内经》。
[2]　《淮南子·本经训》。

当时，共工氏居伊洛流域，"欲壅防百川，堕高烟庳，以害天下"。另据《淮南子·本经训》："共工振滔洪水，以薄空桑。"这当然就要和帝颛顼发生利害关系了。

据《左传》昭公十七年记载："卫，颛顼之虚也，故为帝丘。其地当今河南濮阳，正处于古黄河之南。"另据《吕氏春秋·古乐篇》中说："颛顼生自若水，实处空桑，乃登为帝。""若水，历来以为是蜀之若水，即今四川之雅砻江，实误。按若、汝音同义通，故若水即今河南中部之汝水。从汝水到濮阳地区，正是颛顼部活动的地方，所以断为汝水是非常合理的。至于四川之若水，则是由于后来有一些颛顼后裔活动到了那里，也把原来的水名带过去了。空桑，照清代学者据《山海经》考证，其地有三：1. 在莘、虢之间，今河南陕县境内；2. 在赵、代之间，今山西北部桑干河流域；3. 在古兖州境，今山东西南部。这三个地方均与上述空桑之地不合。按古有空桑、穷桑和扶桑。扶桑指日出的地方，穷桑在曲阜，空桑地当陈留，今属开封，其北就是濮阳了。"[1]古黄河从今武陟折而北流，至浚县大丕山又折向东流，经内黄、濮阳间后再折而北流，在今天津南入渤海。黄河自古就是铜头、铁尾、豆腐腰，其腰身古代在今浚县至内黄段。所以，共工从上游"振滔洪水，以薄空桑"，直接威胁到颛顼氏族部落生命财产的安全。

---

① 田昌五著：《华夏文明的起源》，中国书籍出版社2015年版，第64页。

因此，双方发生了战争。结果，共工战败，颛顼称帝。

在早期神话传说中，帝颛顼的确是一位了不起的人物。这不仅由于他战胜共工而为帝，更重要的是他还进行了一次"绝地天通"的社会改革。其说见《国语·楚语下》：

> 及少皋之衰也，九黎乱德，民神杂糅，不可方物。夫人作享，家为巫史，无有要质。民匮于祀，而不知其福。燕享无度，民神同位。民渎齐盟，无有严威。神狎民则，不蠲其为。嘉生不降，无物以享。祸灾并臻，莫尽其气。颛顼受之，乃命南正重司天以属神，命火正黎司地以属民，使复旧常，无相侵渎，是谓绝地天通。

这里讲的"及少皋之衰也，九黎乱德"，不是氏族部落之间的纠纷和战争，而是氏族社会内部出了问题。其表现主要是："夫人作享，家为巫史"，即人人作享，祭祀天地鬼神。这样，每人都可以代表神灵，家家都成了巫史，人与神之间的界限完全消失了。结果是，人与人之间互相侵渎，什么盟约都不灵了，什么信物都无效了，社会秩序为之大乱。天时因此也不顺事，作物也长不好了。在这当儿，颛顼站了出来，"命南正重司天以属神，命火正黎司地以属民"，解救了社会的危机。所谓"司天以属神"，实际上是观察天象。在古人眼里，日月星辰、风雨雷电等等，都是有神的，所以观察天象叫作"司天以属神"。例如，日食和月蚀在古人看来都是由神灵在作怪，所以都要祭祀。"司地以属民"，实际上是管理农事。古代有火历，以火星来纪时，故火正即历正。按照季节和气候进行农作，解决人们的衣食问题，也就是"司地以属民"了。当然，相应的祭祀也是少不了的。如播种时要祭祀，收获后要祭祀。按后世的历法说，播种大约在初夏，收获约当秋冬之际。总之，天上人间各有其司，专职的祭司出现了。所以，"绝地天通"是一次重大的社会改革，它预示着文明社会就要到来。正是这样一个雄踞于中原的部落群体，后来建立了许多国家。如："郑，祝融之虚也。"其地在今之新郑。且"祝融作市"，和四方是有交往的。再如："卫侯梦于北宫，见人登昆吾之观"和"登此昆吾之虚"，其地在今濮阳。楚灵王说："昔我皇祖伯父昆吾，旧许是宅"，其地在今许昌。仅此亦可见帝颛顼当年之神威了。[①]

　　诸多事例说明：共工和颛顼之争，反映的是黄河中上游和中下游的氏族部落群体之间的利害冲突关系。在黄、炎、蚩尤之间进行循环战争的时候，还是各不相同的氏族部落群体，到颛顼和共工大战之后，他们就开始逐渐走到一起来了。在中原大地上，原来各不相同的氏族部落群体后来经过冲突而发生联系进而相互融合了。这表明，到了帝颛顼时期，部落之间的战争已往往不是你死我活，而是常常以和平结盟而告终，而和平联盟的结果一般

---

① 田昌五著：《华夏文明的起源》，中国书籍出版社2015年版，第67—68页。

又都会形成新的社会共同体。正因如此，氏族部落能汲取不同的文化而形成一种新文化，脱出原有的氏族部落共同体而形成为新的民族共同体，至少是从血缘部落联合体发展为地域部落联合体。也正因此，部落联盟共主制度才率先跨进文明社会的门槛，成为中国政治文明社会的滥觞。

华夏族就是在这样的冲突与融合中逐渐形成的。

第三节　尧舜禹权力交接的历史真相

中国古代的传说大多是以人为载体的。

人们的认识不同，需要不同，理解不同，同一件事便会产生不同的说法。

长期以来，尧舜以贤传天下的"禅让制"之事，经过司马迁等人的正史记载，再加上历代儒家的不停赞美与讴歌，似乎已成定论，至今人们还是深信不疑，现行中学历史教科书中即仍然持着此种说法。

然而，翻阅先秦历史文献，发现还有不同的声音。

尧舜之事，法家从现实利益与利害角度出发，认为此事不可信，"篡位夺权"更可信；墨家将之归于"选贤"；儒家将之描绘成彬彬有礼的"礼让"。到底是"让"，是"选"，还是"篡"，因为史料缺乏，今天我们已经很难讲述清楚。不过，发生过的事实毕竟是历史，只要我们认真辨析，还是能够从历史演进的常态中去尽力把握到一点事实真相的。

传说，帝尧是帝挚之弟，帝喾之子。史称他"其仁如天，其知如神。就之如日，望之如云。富而不骄，贵而不舒"。"能明驯德，以亲九族。九族既睦，便章百姓。百姓昭明，合和万国。"[①]尧在位共九十八年，在即位七十年时得舜，最后二十八年便由舜实际执掌政事。

据正史记载："尧知子丹朱之不肖，不足授天下，于是乃权授舜。授舜，则天下得其利而丹朱病；授丹朱，则天下病而丹朱得其利。尧曰：'终不以天下之病而利一人'，而卒授舜以天下。"[②]尧死之后，百姓非常悲痛。三年之内天下不举乐，以寄托对尧的哀思。尧虽然让位于舜，舜却不肯即位，让位于尧子丹朱，自己避于"南河之南"。但是，"诸侯朝觐者不之丹朱而之舜，狱讼者不之丹朱而之舜，讴歌者不讴歌丹朱而讴歌舜"。[③]舜说："这是天意啊！"于是即位为天子。由此看来，尧舜间领袖地位的继承过程似乎是十分和平的。"后代的史家所以用'禅让'这一后代的政治概念来说明尧舜禹之间的权力转移，是因为'禅让'的意义即在于指'最

---

①　《史记·五帝本纪》。

②　《史记·五帝本纪》。

③　《史记·五帝本纪》。

高政治权力的和平交接'"①。

但是，历史文献还有另外一种迥然不同的记载。

至迟从战国起，与尧舜禅让传说同时流行的，还有与此完全相反的帝位篡夺说。战国以后的文献中，关于暴力取位的记载很多，表述亦更加激烈。

据战国时魏国史书《竹书纪年》中记载："昔尧德衰，为舜所囚也"，"舜囚尧，复偃塞丹朱，使不与父相见也"，"舜囚尧于平阳，取之帝位"；"舜放尧于平阳"。后《史通》所引的《竹书纪年》，内容也与此大致相似，如说"舜放尧于平阳"。

韩非曾多次否定尧舜禅让一事。

《韩非子》中说：

"尧欲传天下于舜，鲧谏曰：'不祥哉！孰以天下而传之匹夫乎！'尧不听，举兵而诛杀鲧于羽山之郊。共工又谏曰：'孰以天下而传之于匹夫乎？'尧不听，又举兵而诛共工于幽州之都。于是天下莫敢言无传天下于舜。"②

"舜逼尧，禹逼舜，汤放桀，武王伐纣，此四王者人臣弑其君者也，而天下誉之。察四王之情，贪得人之意也；度其行，暴

---

① 齐涛主编，王和著：《中国政治通史——从邦国到帝国的先秦政治》，泰山出版社2003年版，第105页。

② 《韩非子·外储说右上》。

乱之兵也。"①

"（天下）皆以尧、舜之道为是而法之，是以有弑君尧、舜、汤、武或反君臣之义，乱后世之教者也。尧为人君而君其臣，舜为人臣而臣其君，汤、武为人臣而弑其主、刑其尸，而天下誉之，此天下所以至今不治者也。"②

可见，在韩非看来，禅让完全是后世某些人的一种政治上的欺骗，尧舜不是圣王，他们的权力交替实际上充满了腥风血雨。

唐人《括地志》中也有这样的记载：

> 故尧城在濮州鄄城县东北十五里。《竹书》云昔尧德衰，为舜所囚也。又有偃朱故城，在县西北十五里。《竹书》云舜囚尧，复偃塞丹朱，使不与父相见也。③

对于禅让与篡夺二说并存的现象，刘知几在《史通》中评道：

> 《尧典·序》又云："将逊于位，让于虞舜。"孔氏《注》曰："尧知子丹朱不肖，故有禅位之志。"案《汲冢琐语》云："舜放尧于平阳。"而书云其地有城，以"囚尧"为号。

---

① 《韩非子·说疑》。

② 《韩非子·忠孝》。

③ ［唐］李泰等著，贺次君辑校：《括地志辑校》，中华书局1980年版，第146页。

识凭斯异说，颇为禅授为疑。然则观此二书，已足为证者矣，而犹有所未睹也。何者？据《山海经》谓放勋之子为帝丹朱，而列君于帝者，得非舜虽废尧，仍立尧子，俄又夺其帝者乎？观近古有奸雄奋发，自号勤王，或废父而立其子，或黜兄而奉其弟，始则示相推戴，终亦成其篡夺。求诸历代，往往而有。必以古方今，千载一揆。斯则尧之授舜，其事难明，谓之让国，徒虚语耳。①

关于鲧因反对舜继承尧之位而被杀一事，《吕氏春秋》中也有记载："尧以天下让舜。鲧为诸侯，怒于尧曰：'得天之道者为帝，得地之道者为三公。今我得地之道，而不以我为三公。'以尧为失论，欲得三公。怒甚猛兽，欲以为乱……召之不来，仿佯于野以患帝。舜于是殛之于禹山，副之以吴刀。"②

上述诸记载反映出这样一个历史事实：一方面，舜的继位遭到了部落联盟中的某些成员的反对（其中可能以鲧和共工为主要代表）；另一方面，为了使舜的继位得以实现，曾经动用了武力，而且舜还亲自主持了平息不满的武力行动。可见舜的继位不是一帆风顺的，他既可能同尧对抗过，也可能同部落联盟中的其他成

---

① ［唐］刘知几撰，赵吕甫校注：《史通新校注》，重庆出版社1990年版，第785页。
② 《吕氏春秋·恃君览·行论》。

员对抗过。①

　　根据文献的记载，尧属于陶唐氏，而继尧而立的舜则属于有虞氏。传说舜是冀州之人，出身于帝颛顼的系统，但是自五世祖穷蝉时已经寒微，接连几代都是贫贱之人。所以他曾经在历山种过地，在雷泽打过鱼，在黄河边上做过陶器，在寿丘做过手工，在负夏做过生意。总之是历经诸业，备尝甘苦，颇有"天将降大任于斯人也，必先苦其心志劳其筋骨，……"的意思。这显然是后代的史家（包括司马迁）根据他们生活时代的情况对三代以前的上古社会所作的一种美好的推理和想象。用我们今天的眼光来看，这种情况显然是不可能出现的。无论唐尧、虞舜、夏禹，都必然是出身于当时的氏族部落中强大而有势力的部族中的最有势力的家族，否则绝不可能有力量问鼎部落联合体的最高首领的位置。所谓舜的祖先"自从穷蝉以至帝舜，皆微为庶人"，禹的"曾大父昌意及父鲧皆不得在帝位，为人臣"，绝非是指舜、禹出身寒微，而仅仅是说他们所从属的部族并非当时最为强大的部族，因而要想担任部落联盟的最高领袖面临的困难要更大些而已。②

　　舜继尧位之后，部落联合体的政治规模有了更大的发展。

---

①　参见谢维扬：《中国早期国家》，浙江人民出版社1995版，第319—320页。
②　齐涛主编，王和著：《中国政治通史 ——从邦国到帝国的先秦政治》，泰山出版社2003年版，第106—107页。

据说舜特别善于团结当时势力强大的不同部族，把那些相对愚昧野蛮的落后部族驱逐到已经开发的富庶地区之外，让那些落后部族到洪荒野地去面对"魑魅"的考验。

根据文献记载，当时雄踞于中原地区、以尧舜为代表的强大氏族部落曾经频繁地发动对于落后部族的战争。

《淮南子》记载："尧乃使羿诛凿齿于畴华之野，杀九婴于凶水之上，缴大风于青丘之泽，上射十日而下杀猰貐，断修蛇于洞庭，擒封豨于桑林。"①

《吕氏春秋》说："尧战于丹水之浦，以服南蛮。舜却苗民，更易其俗。禹攻曹魏、屈骜、有扈，以行其教；三王以上，固皆用兵也。"②

《荀子》说："尧伐獾兜，舜伐有苗。"③

正因为有上述的功绩，舜因此而获得了力量强大的先进部族的拥戴，成为继尧之后的又一位部落联合体最高权威领袖。

舜年老以后，仿效尧的做法，把处理政事的权力转交给禹，自己又过了十七年才去世。舜死之后，禹也仿照舜的故事，把最高领袖的位置谦让给舜的儿子商均，自己避居于阳城。然而诸侯

---

① 《淮南子·本经训》。
② 《吕氏春秋·恃君览·召类》。
③ 《荀子·议兵》。

们却一致拥戴禹，禹于是继舜而即位。

不过，和舜的继位一样，关于禹的继位，文献中也有另外一种记载。

韩非说："舜逼尧，禹逼舜。"①

司马迁说："禹荐益，已而以启人为吏。及老，而以启人为不足任乎天下，传之于益。已而启与交党攻益，夺之。天下谓禹名传于益，已而实令启自取之。"②

《战国策》中也有类似的记载："禹授益而以启为吏，及老而以启为不足任天下，传之益也。启与交党攻益而夺之天下，是禹名传天下于益，其实令启自取之。"③

对于这一类的记载，以往人们往往不予重视。

正如有的学者所指出："过去史学家由于长期受儒家思想的熏陶，大都以儒家所传的禅让说为实录，信之不疑；而对篡夺说则不予理睬，或直认为系周末人不经之谈。"其实，"禅让和篡夺正是前后两种新和旧的社会因素、犬牙交错的过渡阶段的社会现实"④。

---

① 《韩非子·说疑》。

② 《史记·燕召公世家》。

③ 《战国策·燕策一》。

④ 王玉哲：《尧、舜、禹"禅让"与"篡夺"两种传说并存的新理解》，《历史教学》1986年第1期。

那么，尧舜禹时代的真实情况究竟可能是怎样的一种状态呢？

王和在其所著《中国政治通史——从邦国到帝国的先秦政治》一书中认为，至少以下几点应当是确凿无疑的：

首先，就当时相对发达的黄河流域中游地区来说，具有一定规模、由来源于不同族姓的强大部族共同组成的、属于酋邦性质的部落联合体不但久已出现，而且其内部的运行机制已经相对稳定。这种运行机制的相对稳定主要表现于那些势力强大的部族之间不再动辄以激烈的外部冲突的形式（例如发动大规模的战争）来争夺酋邦的最高领导权，而是已经具有和能够运用相当成熟高明的政治智慧，通过相对和平的方式达成必要的妥协，以完成最高领导权的交接和嬗替。我们无论对于尧舜禹的"禅让"或"篡夺"，皆应作如是观。因为即使是发生过属于暴力性质的"篡夺"，就其过程和影响来看，所有参与各方显然都是相当克制的。

其次，从唐尧到虞舜再到夏禹的领导权交接，我们都不应看作个人之间的权力转移，而应视作是部族地位变更的反映。按照文献记载，尧在位共九十八年，其中前七十年为亲政，后二十八年将行政权力转交给舜，但尧仍保有最高首领的地位。不言而喻，执掌这近百年权力的显然不可能是某个个人，因为任何一个个人都不可能有这样长的执政寿命，古今中外从来没有。所以只能是尧所从属的陶唐氏部族。因此，所谓尧在位近百年的说法，可以看作陶唐氏部族曾经在近百年的时段之内握有部落联合体最高权

力的一种曲折反映。而前七十年"亲政"与后二十八年"令舜摄
行天子之政"的差异，也隐约向我们透露出有虞氏部落势力渐强，
逐渐赶上和超过陶唐氏部落的史影。

虞舜时代的情况就更加明显了。

舜在尧的晚年便"摄政"二十八年，尧死之后舜亲政多年，
到晚年再仿效尧的榜样让政于禹，自己又过了十七年才死去。由
此看来也不大可能是属于个人的行为。

尧在晚年使舜"摄政"二十八年的史实透露出这样一个重要
的信息：这就是有虞氏部落势力渐强，逐渐赶上和超过陶唐氏部
落的力量，舜在晚年"让政于禹"，透露出的应是类似"有虞"
和"有夏"两大部族之间力量强弱对比方式变化的信息。

倘若我们从这样的角度去认识上古历史的话，那么"舜殛鲧
而用禹""禹逼舜""天下谓禹名传于益，已而实令启自取之"
之类的记载，便有了与过去的认识不同的崭新意义：它清晰地折
射出了"有虞"和"有夏"两大部族为争夺部落联合体最高领导
权而进行的尖锐斗争，昭示着"有虞"在逐渐衰落的趋势中尽管
竭力抑制"有夏"的兴起，却终于无可奈何地败下阵来的过程。

由此而去认识司马迁在《史记·五帝本纪》中排列的世系，
不难明白，其中一些或为黄帝之孙或为黄帝曾孙的人物，其实不
过是代表着一些强大的、曾经执掌过部落联盟最高权力的部族。
他们之间的权力继承，与唐尧、虞舜、夏禹之间的权力继承一样，

都不是个人之间的权力转移，而是部族地位与力量发生变更的反映。这个事实反映出，自炎、黄时代通过激烈的大规模战争形式在中原地区建立了强大的酋邦式的部落联合体之后，酋邦内部最高领导权的交接便逐渐形成了一种比较成熟的机制，它保证了这种权力交接不必动辄采取激烈的外部冲突的形式，而能以相对和平的方式进行。这表明了中国传统文化中政治智慧与技巧的早熟性。

唐尧和虞舜既然是分别代表着各自部族的利益统治的时代，我们对于文献中那些充分个人化的活动记载便不能仅仅从个人活动或个人权力斗争的角度去探究，而应看到其后面所反映的部族势力变化的背景。由此亦不难发现，过去那种竭力拔高由"禅让"到"家天下"的意义，将其视为我国前国家时代与国家时代的分野的评价，也值得我们重新审视。

舜禹权力交接的情况大致也应作如是观。

在舜、禹之间，权力交替的和平过程中同样暗流涌动。"有虞"和"有夏"两大部族为争夺部落联合体最高领导权同样进行着复杂而尖锐的斗争。禹终能继舜位的事实表明：有虞氏在逐渐衰落，有夏氏在发展壮大，有夏氏在与有虞氏的利益争夺中终于取得了胜利。①

---

① 齐涛主编，王和著：《中国政治通史——从邦国到帝国的先秦政治》，泰山出版社2003年版，第108—110页。

第二章 走向大一统
——家族与邦国递进时代的夏商政治

夏王朝不过是当时"天下万邦"中最强大的一族邦而已，与其他众多族邦的关系往往视彼此间实际力量对比的变化而变化。夏后氏自身强大且善待众邦时，众邦便来依附；夏后氏力量衰减且与众邦关系交恶，或另有新的力量强大且善于笼络众邦的族邦兴起时，众邦便纷纷与之脱离关系。

　　在商代，众多诸侯国对于"大邑商"而言，亦是一个相对松散的政治合作实体，它们拥有自己的领土，有独立的军队和自己的政治组织，具有很大的独立性。它们对商王朝的归附要视王朝的施政得失而定。如果商王朝施政不当，它们就会独立而不向中央履行职贡。诸侯的向背，是殷商王朝强弱的标志。

第一节　有夏氏与其他部族间的斗争

禹在我国上古历史传说中，堪称是一位伟大的传奇式的英雄。

据说，他曾受尧之命，继父鲧之志，治理"浩浩怀山襄陵，下民其忧"的滔天洪水，"劳身焦思，居外十三年，过家门不敢入。薄衣食，致孝于鬼神。卑宫室，致费于沟减。陆行乘车，水行乘船，泥行乘橇，山行乘檋。左准绳，右规矩，载四时，以开九州，通九道，陂九泽，度九山"。终于制服洪水，"众民乃定，万国为治"。禹也因此而"声教讫于四海"①，在众部族中享有极高的威望。

先秦与两汉文献典籍中，关于禹活动的记载甚多。

《墨子·非攻》说："禹亲把天之瑞令，以征有苗。""禹既已克三苗，焉磨为山川，别物上下，卿置大极，而神民不违，天下乃静。"

《国语·鲁语下》说："禹致群神于会稽之山。"

《左传·哀公七年》说："禹既会诸侯于涂山，执玉帛者万国。"

《山海经·海外北经》说："禹杀相柳……乃以为众帝之台。"

这里所谓的"诸侯""万国"，皆是指禹在治理洪水过程中加以征服或者争取过来的众多氏族部落。上诉文献记载说明，除

---

① 《史记·夏本纪》。

了禹所属部落联合体中的众多部落之外，还有原本并不属于禹部落联合体的众多其他部族。他们之所以前来对禹表示服从，有的是为禹的德行所感召，有的是为禹的威势所慑服。

据《国语·鲁语》记载，禹在会稽大会诸侯的时候，防风氏部落的首领因为迟到，就被禹杀戮。由此不难看出，禹在当时的确具有很大的、远远超过尧舜个人的权威。

禹虽然具有远高于尧、舜的个人权威，然而根据文献的记载，禹在继舜为部落联合体的最高首领之后，仅仅过了十年便"东巡狩，至于会稽而崩"①，而绝不像尧、舜那样，动辄执政八九十年。

这种差异说明，关于禹在位的记载与尧、舜在位的记载已有很大不同，关于舜的文献记载尚多是神话传说，而关于禹的记载已经不再是神化了的传说，而是有了真实可信的记录。就文献中记载的上古"帝王"代系传承的真实性而言，禹是一个关键的分野。禹以前的代系传承，如黄帝传颛顼、颛顼传帝喾之类，直至尧、舜时期，每一个传说的人物其实都代表着一个部族执掌部落联合体最高权力的时代，这些时代一般来讲都不仅止于一代人的时间。禹以后的每一位人物则是一个真实的个人。从这个意义来讲，完全可以说，禹以前的史迹属于中国上古史的传说时代，其主要的人物传承和活动归属都是模糊不清的。禹以后则进入基本可靠的

---

① 《史记·夏本纪》。

信史时代。

　　大禹作为英雄时代分野的关键人物，古人对此早有认识，今人也仍然不断对此加以强调。

　　古人的认识是以禹之前后的时代作为"大同"社会与"小康"社会的分界。这也就是国人常津津乐道所向往的：

　　　　大道之行也，天下为公，选贤与能，讲信修睦。故人不独亲其亲，不独子其子，使老有所终，壮有所用，幼有所长，矜寡孤独废疾者皆有所养。男有分，女有归。货恶其弃于地也，不必藏于己；力恶其不出于身也，不必为己。是故谋闭而不兴，盗窃乱贼而不作，故外户不闭，是为大同。今大道既隐，天下为家。各亲其亲，各子其子，货力为己。大人世及以为礼，城郭沟池以为固。礼义以为纪，以正君臣，以笃父子，以睦兄弟，以和夫妇，以设制度，以立田里，以贤勇知，以功为己。故谋用是作而兵由此起。禹、汤、文、武、成王、周公，由此其选也。①

　　可见，在古人的认识中，是将禹作为"小康"时代的第一人而传承的。

　　在人们的观念中，大禹开创夏王朝，让中国古代社会由前国

———————

① 《礼记·礼运》。

家时代跨入了国家时代，由野蛮时代进入了文明时代，具有极其重大的意义。

据《史记·夏本纪》记载：

> 十年，帝禹东巡狩，至于会稽而崩。以天下授益。三年之丧毕，益让帝禹之子启，而辟居箕山之阳。禹子启贤，天下属意焉。及禹崩，虽授益，益之佐禹日浅，天下未洽。故诸侯皆去益而朝启，曰"吾君帝禹之子也"。于是启遂即天子之位，是为夏后帝启。

按照五帝时代"禅让"的惯例，益为禹的合法继承人，然而启却破例即天子之位。所谓"启贤，天下属意焉"恐怕只是一种粉饰之词，因为《尚书》等很多文献都记载了夏启即位后有扈氏不服且与帝启兵戎相见的传说。禹、启之际的确是中国社会急剧变革的时代，只是变革没有"世袭制代替禅让制"这样简单罢了。

在司马迁看来，在禹晚年时，曾经仿照尧、舜的故事，"以天下授益"，但是"虽授益，益之佐禹日浅"，故而威望明显不足；而禹子启则在禹的长期刻意培植下，早已执掌了部落联合体的实际最高权力，"故诸侯皆去益而朝启"[1]。最后，启杀益，开创了中国历史上的第一个王朝——夏。

---

[1] 《史记·夏本纪》。

然而，历史的真实情况并非如此地乐观。启代禹这一事实本身并不具有"家天下"的完全意义。

实际上，禹、启时代仍然属于部落联合体的时代，尽管这时已经到了部落联合体时代的末期。启代禹的艰难过程本身反映出了有夏氏部族的实力尚不够强大，甚至在姒姓部族之中也并不具有无争议的地位。禹的部族本为姒姓部族中的一支。按照《史记》中的记载，姒姓部族在当时的势力很大，包括"有夏氏、有扈氏、有男氏、斟寻氏、彤城氏、褒氏、费氏、杞氏、缯氏、辛氏、冥氏、斟戈氏"①等，禹属于其中的有夏氏。从文献中透露出的信息来看，有夏氏部族在姒姓部族中很可能本来并不是最强大的一个部族，或虽然曾经是最强大的部族但后来地位有所下降。特别是鲧的被杀，暗示着有夏氏和禹的家族在这场与以舜为代表的有虞氏的斗争中曾经大伤元气。由于禹治水而带来的个人威信，以及他后来继舜而成为部落联盟的最高首领，有夏氏部族也随之兴盛，成为姒姓部族中迅速崛起的一个强支。但这种迅速崛起的"暴发"地位很可能并没有得到所有姒姓部族的政治认可。所以，在禹去世以后，当禹的儿子启"即天子之位"②时，姒姓部族中的另一强支有扈氏便出来挑战启的地位。"有夏之方兴也，有扈氏弱而不恭，

---

①　《史记·夏本纪》。
②　《史记·夏本纪》。

身死国亡。"① 看来，这两个同姓强族之间曾在甘地（今陕西户县西南）为最高领导权而展开过激战。

据《尚书·甘誓》的记载，夏王启在与有扈氏大战于甘之前，曾经历数有扈氏的罪状，声称是"天用剿绝其命"，而自己则是"恭行天之罚"，即秉承神的意旨讨伐有扈氏。这说明启在当时地位并不稳定，亦未完全得到各部族的肯定，因而必须动用神的意旨来对抗同姓部族的反对，而这一事实恰恰说明虽然禹由于个人的巨大功绩和威望而获得代表姒姓部族出任部落联合体最高首领的权力，但是否应当由禹的家族继续垄断这一权力，却受到同姓的其他强宗大族的质疑。

启受到有扈氏的反对是同姓部族的反对，这一点以往多被学术界所忽视，而这恰恰是一个颇具有关键意义的信息。在前国家时期，血缘纽带是人们社会联系的基础。在一个大的部落联合体之内，具有血缘纽带的部族一般都是关系最为密切的部族。特别是在尧舜时期，已经存在由最强大的部落中的最显赫的家族世袭部落联合体最高首领的惯例，那么何以"启即禹位"并未被异姓部族所反对，相反却受到了来自同姓部族的激烈攻击呢？答案应当是明确的。启所以受到的反对不是来自异姓部族，而是来自同姓部族的这一事实告诉我们，这场斗争的性质并非所谓"僭取与

---

① 《逸周书·史记解》。

反僭取"或"新的王权与旧的氏族制度"之争，而恰恰是由谁代表姒姓部族出任部落联合体最高首领的位置之争。古人认为有扈氏是"为义而亡，知义而不知宜也"[①]；或今人认为有扈氏是逆历史潮流，维护过时的氏族制度。其实都不相干。[②]

夏启去世以后，其子太康即位。

但是，太康不久就丧失了政权，史称"太康失国"。

这段历史，司马迁在《史记》中的记载语焉不详，非常简略而且蹊跷。只是简单地记载太康失国以后，其"昆弟五人，须于洛汭"，在洛水之边等待他。太康为什么失国？一点儿也没有交代。其后的历史则是"太康崩，弟中康立"，"中康崩，子帝相立。帝相崩，子帝少康立。帝少康崩，子帝予立……"[③]似乎是很正常的继立关系。之所以如此，是因为司马迁从大一统的正统史观出发，以夏的统治为王朝正统，自然视"太康失国"为不正常的意外过程。但是实际上，其背后的真实情况肯定非常复杂且难言，而且所反映出的问题也是意味深长的，它只能说明夏初的政权仍然具有部落联合体的性质。我们从其他文献的记载中，也可以约略窥见类似的真相。

---

① 《淮南子·齐俗训》。

② 参引齐涛主编，王和著：《中国政治通史——从邦国到帝国的先秦政治》，泰山出版社2003年版，第114—119页。

③ 《史记·夏本纪》。

根据《左传》《帝王世纪》和《古文尚书》等文献的记载，"太康尸位以逸豫，灭其德，黎民咸贰"，结果被东夷有穷氏的后羿"自锄迁于穷石，因夏人以代夏政"，夺取了太康的政权。

后羿究竟是怎样"因夏人以代夏政"的？由于史载不详，具体的过程只能任凭后人猜测。但有一点可以肯定，即夏代是一个族邦结构的社会。在这种结构的社会里，血缘纽带是最重要的、第一位的联系纽带，族邦或部族社会的人们倘若脱离了本族邦这一最基本的纽带，根本就无法生存。所以，上层贵族集团脱离下层族众而他迁，在当时社会中是不可想象的事情；而下层平民抛弃本部族的上层首领集团，却去接受和拥护异部族的统治，更是匪夷所思。由此可以推知，文献中的"因夏人以代夏政"的"夏人"，不是指有夏部族的平民或下层族众，而只能是指以有夏氏的太康为最高首领的部落联合体中的其他部族，或者可以说是对太康的统治不满而又被后羿争取过去的，并非是有夏氏部落的其他一些族邦。

古人以夏朝为"家天下"之始，故而凡是夏之属民皆称夏人。所谓有穷氏"因夏人以代夏政"，即暗示着中原地区最强大的部落联合体又一次以相对和平的方式更换了其最高首领，表明当时尽管早期国家区别于氏族部落社会所应具有的一切条件，诸如明显的社会分层、相对正规的管理机构和军队、明确的统治意识和领土意识等等都已具有，但是部落联合体的残余机制仍然又一次起了作用。太康由于"尸位以逸豫，灭其德"，从而引起了其他部族的强烈不满。所谓"尸位以逸豫"，指占着最高首领的位置，却只知吃喝玩乐；"灭其德"，指已经不具有使其他部落服从的实力和威望。正是在这样的情况之下，东夷有穷氏的杰出首领后羿，以自身不断发展的部落实力为后盾，争取到其他不满太康统治的部落的支持，取代了太康部落联合体最高首领的位置。这一事件的真实过程很可能十分复杂，且必然暗存十分激烈的斗争。但从"因夏人以代夏政"的有关记载看，至少表面的形式还是相对和平的。然而，这次中原地区最强大的部落联合体又一次以相对和平的方式更换其最高首领的行为，已经是部族社会政治功能的最后一次表演。当标志着早期国家产生的所有社会条件都已完全具备的时候，部族社会自然便走到了历史的尽头。

后羿取代太康登上部落联合体最高首领的位置之后，有夏氏受到有穷氏的压迫，被逼迁离故土。

史载，禹都阳城（今河南登封）和平阳（今山西临汾），又都安邑（今山西夏县）；禹子启都夏邑（今河南禹县）；启子太康都斟寻（今河南偃师二里头）。太康失国以后，夏族被迫迁走，在少康的时候甚至远迁到今之山东观城和济宁一带。这反映有夏氏族邦和有穷氏族邦之间的武力斗争已经非常激烈，继中康即位的夏后相就是被有穷氏所杀。

当时的情况是，不但有夏氏和有穷氏之间的关系是如此，而且在有穷氏内部也持续发生激烈的武力斗争。

据《左传》记载，有穷氏的首领后羿在夺取夏政之后，仗恃自己精于射术，整日优游玩乐，沉湎于田猎而不理民事，废弃贤臣，却重用伯明氏的不肖子弟寒浞，结果被寒浞网罗党羽，夺取了政权。寒浞夺权之后，派人攻灭帮助夏后相的斟灌氏和斟寻氏，并且杀掉夏后相。这些事实均表明，到了有穷氏夺取有夏氏政权以后，尧、舜、禹时代那种旧有的部落联合体最高领导权力以相对和平方式交接的机制已经完全被破坏，残存的部落联合体政治秩序与功能已彻底失去了作用，中国上古社会开始进入以强大邦国间的武力争雄为特征的早期国家时代。

当寒浞派兵攻杀当时正居留在斟寻氏那里的夏后相的时候，相的妻子缗拖着怀孕的身子从墙洞中爬出，逃到母家有仍氏，生下儿子少康。少康长大之后，做了有仍氏的"牧正"。其后为了逃避寒浞之子浇的追杀，又逃往有虞氏。有虞氏君将自己的二女儿嫁给他，并让少康到纶邑居住。少康以此为基础，收集有夏部众，并联络友好邦国，终于攻杀寒浞，攻灭有穷氏。夏作为众邦之首的地位再次得到承认，夏政权由此而复兴，史称"少康中兴"。

从太康失国到少康中兴，经历了三代人的时间，其间充满着部族间尖锐激烈的武力斗争。少康在复兴夏邦的过程中，不但依靠本族力量的恢复积聚，也有赖于友好族邦的帮助和支持。史载，当少康得到有虞氏的帮助，"有田一成，有众一旅"，积极做反攻有穷氏的准备的时候，其臣子靡又联合受到有穷氏攻击的斟灌氏和斟寻氏的残余力量，更有方夷等部族"来宾"①，还得到有仍氏等部族的支持，才得以攻灭有穷氏，恢复夏邦的原有领袖地位。

少康"中兴"之后，到了少康之子杼在位的时候，夏以众族邦之首的地位统领各族邦的局面达到了鼎盛的时期。此时杼的都邑已经从原（今河南济源）迁往老丘（今河南开封县北），并向东方开拓经营。到杼的儿子槐及槐子芒即位以后，夏邦的势力更进一步扩展到大海之边。居住在淮、泗一带的于夷、黄夷、风夷、白夷、赤夷、玄夷等九夷部族纷纷向他称服并纳贡；到了芒的儿子泄和泄子不降在位的时候，夏邦不但在东方巩固了地位，还更进一步向西面发展，一些西方的族邦方国也向夏表示服从。

至此，夏邦的国势发展到极盛。

夏王不降死后，其子孔甲即位，夏王朝开始由极盛走向衰落。相传孔甲"好方鬼神，事淫乱"。"夏后氏德衰，诸侯叛之。"②

夏的国力衰弱以后，原来服从和拥戴夏邦的一些族邦纷纷叛离而去。《史记·夏本纪》叙述陶唐氏的后代御龙氏，在孔甲时代由于所豢养的龙死去，"惧而求去"。这看来像是在讲神话故事，实际上却是曲折地反映了当时一些方国族邦疏远和叛离夏王朝的情况。

---

① 古本《竹书纪年》。

② 《史记·夏本纪》。

孔甲死，其子履癸即位。履癸名桀，这位使夏王朝归于毁灭的亡国之君，也就是中国历史上著名的暴君夏桀。

据《史记·律书》记载，夏桀勇武过人，能够"手搏豺狼，足追四马"。也许正因如此，夏桀酷爱使用武力。《史记·夏本纪》称他"不务德而武伤百姓，百姓弗堪"。这里的"百姓"并非指平民，而是指诸侯贵族。他用武力征伐来镇压和恐吓一切不服从或不合自己心意的族邦，这使自孔甲以来就已经存在的"诸侯多叛夏"的离心趋势更加恶化。

当夏统治者处于诸侯离心的时候，起源于东北方、至夏末已长期居住于冀南豫北一带的氏族——商，却正在迅速兴起。史载，"汤修德，诸侯皆归汤"[1]。夏桀在当时已经感到了这个日益兴盛的邦国的威胁，曾经将商族的君长成汤囚禁于夏台，后来又予以释放，夏商之间的矛盾冲突越来越激化。

商汤为了翦灭夏邦，取而代之，长期以来做了充分的准备。他曾访得有莘氏的贤人伊尹，并因而得以与有莘氏结盟，力量从此大增。商汤以此为基础，进而广泛争取到其他许多族邦的支持，开始将灭夏的计划付诸实施。在逐步消灭了一些忠诚于夏邦的氏族部落后，公元前十六世纪，鸣条一战，成汤灭夏。至此，我国

---

① 《史记·夏本纪》。

传统所说的第一个王朝——夏，被新崛起的商王朝所取代。[1]

夏作为众邦之首的地位，前后持续了约四百年的时间，这种情况在中国历史上还是第一次。在此之前，从未有任何一个家族在如此广阔的地域内维持它对一个庞大的十分松散的政治实体的统治达到如此长久的程度。诚如有人所言，在我国历史上，"这标志着由中原酋邦向国家的转化作为一个历史进程已不可逆转"[2]。

第二节　邦国体制下的殷商王朝政治

前面已经提到，在夏代初期，前国家时代部落氏族联合体的政治秩序与传统，在部落联合体最高首领的更替上，仍然在顽固地发挥着作用。夏代的族邦国家均以"氏"相称，如有扈氏、有仍氏、斟寻氏、有穷氏等，夏王朝自己也称"有夏氏"或"夏后氏"。《孟子》说："夏后氏五十而贡，殷人七十而助，周人百亩而彻。"[3] 以夏、商、周三代制度相比较，而独称夏为"氏"。这说明，夏代虽然已有领土意识，但血缘因素实居于第一位。与

---

[1]　参引齐涛主编，王和著：《中国政治通史——从邦国到帝国的先秦政治》，泰山出版社2003年版，第120—129页。

[2]　谢维扬著：《中国早期国家》，浙江人民出版社1995年版，第329页。

[3]　《孟子·滕文公上》。

同属于早期国家时代、同样具有血缘与地缘相结合特征的商王朝相比，商之邦国皆称"方"，而称"氏"者则属于方国之内的宗族或家族组织。这说明由夏代发展到商代，地缘因素已超越血缘因素而居于最优先的位置。这恰恰从反面衬托出夏代国家形态的原始性。

事实上，后世称夏代为王朝，实则有夏氏不过是当时"天下万邦"中最强大的一族邦而已，它与其他众多族邦的关系往往视彼此间实际力量对比的变化而变化。夏后氏自身强大且善待众邦时，众邦便来依附，这就是史书所说的"诸侯咸朝"；夏后氏力量衰减且与众邦关系恶劣，或另有新的力量强大且善于笼络众邦的族邦兴起时，众邦便纷纷与之脱离关系。这就是史书所说的"夏后氏德衰，诸侯畔之"①。先前依附夏后氏后来又"惧而迁去"的御龙氏，与夏邦的关系即是如此。夏后氏作为众邦之首，自然要求其他众邦对它表示服从，众邦对夏也要承担诸如交纳一定的贡物等义务。但是，这种要求主要是以夏后氏自身武力的强大为后盾的，不见得有以血缘、宗法乃至政治制度等作为约束的条件。

从国家形态来看，商代应属于典型的早期国家时代。一方面，商代的国家机器已十分完备；另一方面，商代又仍是以部族的血缘组织作为国家的基础，而依地域组织划分居民的地缘国家形态

———————

① 《史记·夏本纪》。

尚未出现或仅处于萌芽状态的时代。当时方国林立，所谓方国，就是这种以部族血缘组织为基础的早期国家。

不过，与夏代相比，商代国家的地域意识和领土意识无疑已较前朝大大加强，不但其方国不再称"某某氏"而改称"某方"，而且依据《尚书》等文献的记载，似已出现乡里之类地域组织的萌芽。同时，在考古发掘的材料中也显示，在有的地方，不是由某个单一的血亲部族的成员，而是由不同部族的成员构成同一"邑"的居民点中的居民的现象已经出现。这表明，经过夏代几百年的发展，地缘因素在社会组织中的比重逐渐加重，国家形态进一步向成熟迈进。

不过，就总体而言，殷商时代显然仍然处于以血缘部族聚居的方国为基础、尚未达到纯依地域组织划分居民的早期国家时代，这已被大量的文献和考古材料所证明。直到西周初年，"殷民七族""殷民六族"等血缘组织仍然是周王分封诸侯时分赐殷遗民的基础单位，这些殷遗民无疑是依族聚居的，否则周人就不可能以族为单位将他们分赐诸侯，说明这种情况直到商代末年也并未发生根本的改变。

殷人的方国在当时是最为强大的，自称"大邑商""大邦殷"；与它同时并立的还有众多的大小方国，著名的有羌方、舌方、人方、鬼方等等。这些方国包括大邑商自己在内，于各自直接控制的辖土之内，均采取血缘聚居的方式。我们从甲骨卜辞材料的记载来看，

"大邦殷"虽然征服过许许多多的方国，但并没有把这些异姓方国融化为自己邦族的一部分，而仅仅是迫使它们处于附属、服从的地位。因此，所谓的殷王朝，实际上不过是以大邑商为领袖的、由众多方国组成的一个方国联合体，不但与秦汉以后的大一统王朝有着天壤之别，也与家国同构、"宗统与君统合一"的周代迥然有别。周代的诸侯称呼周王为"天王""天子"，而绝不会称"大邦周"，自己也绝不敢称"小邦齐""小邦晋""小邦鲁"，这恰恰体现了殷周国家体制的根本差异。简言之，周代的人们已经有了"天下一体"的意识，诗人所吟唱的"溥天之下，莫非王土；率土之滨，莫非王臣"之所以产生于周代而非殷代，原因即在于此。在殷代，即使在"小邦周"与"大邦殷"之间关系最密切的时候，二者也并非是一个政治实体。殷王朝直接控制的地方被殷人称为"四土"，其地域并不广大。根据战国时人吴起的说法是："殷纣之国，左孟门，右太行，常山在其北，大河经其南。"① 即今天黄河中下游的冀南、豫中一带。其他的邦族方国，特别是那些重要的邦族方国，大多是基本独立、原来就有的，而不像周初的齐、鲁、卫、晋那样，是在周王分封之后才出现的。它们和"大邦殷"之间的关系，与部落联盟时代氏族部落之间的"递等"关系一脉相承，

① 转引自齐涛主编，王和著：《中国政治通史——从邦国到帝国的先秦政治》，泰山出版社2003年版，第162页。

可视为一种首领邦国和从属邦国之间的关系。所以，尽管"大邦殷"在整个有商一代始终是实力最为强大的一个方国，但其他方国对商王国并不是一贯俯首帖耳，奉命唯谨，而是根据殷人和他们自己力量对比的消长而变化，或叛或附，或敌或友。例如，商王雍己在位的时候，朝政混乱，"殷道衰，诸侯或不至"，其他的方国就不再来朝表示服从。雍己死后，其弟太戊即位，修德理政，"殷道复兴"，于是其他方国又纷纷"归之"①，表示恭顺。这种时即时离的关系，一直持续到殷亡。因此，倘若用后代大一统王朝实行的那种中央集权统治的标准来衡量，商代的王权实在是十分有限的。②

由此可见，在商代，众多诸侯国对于"大邑商"而言，亦是一个相对松散的政治合作实体，它们拥有自己的领土，有独立的经济、军队和自己的政治组织，具有很大的独立性。它们对商王朝的归附要视王朝的施政得失而定。商王施政不当，它们则采取独立而不向中央王朝履行职贡。所以在商朝历史上出现了几次"殷道衰"而诸侯"莫朝"或"不至"的局面。③诸侯的向背，是殷商中央王朝强弱的标志。中央王朝的强弱，又是与王朝最高统

① 《史记·殷本纪》。

② 参引齐涛主编，王和著：《中国政治通史 ——从邦国到帝国的先秦政治》，泰山出版社2003年版，第161—163页。

③ 《史记·殷本纪》。

治者商王的施政得失密切相关的。所以，在商朝，诸侯的向背，在一定程度上，对中央王朝的施政，亦即王权的作用，有一定的影响。商王若滥用王权、暴虐，不仅诸侯不从，甚至还有亡国的危险。[①]

历史表明，武丁死后，"大邦殷"的鼎盛时期就已经过去了，国势逐渐衰落。武乙死后，其子文丁即位。此时西方的小邦周已经开始崛起。文丁寻找借口，杀死了小邦周的首领季历，这说明殷人已经深深感觉到来自周的威胁。但殷人却无法遏制周的发展壮大。到武乙的孙子帝乙继承王位的时候，"殷益衰"，诸侯的反叛更加明显。当最后一代殷王帝辛刚刚登上王位的时候，昔日无比强大的殷王朝已是败象渐呈、岌岌可危了。

中国的历史上，商纣王是与夏桀齐名的著名昏君的代表，俗称"桀纣"。按照《史记·殷本纪》中记载，帝乙的长子名启，由于其母地位微贱，故而不得继承王位。纣为帝乙的幼子，母亲为帝乙正妃，他因此在帝乙死后即位为王，称帝纣。据说帝纣才分颇高而又胡作非为。司马迁对他的描述是："帝纣资辨捷疾，闻见甚敏，材力过人，手格猛兽；知足以拒谏，言足以饰非；矜

---

① 白钢主编，王宇信、杨升南著：《中国政治制度通史》第2卷，先秦，人民出版社1996年版，第287页。

人臣以能，高天下以声，以为皆出己之下。好酒淫乐，嬖于妇人。爱妲己，妲己之言是从。于是使师涓作新淫声，北里之舞，靡靡之乐。厚赋税以实鹿台之钱，而盈钜桥之粟。益收狗马奇物，充仞宫室。益广沙丘苑台，多取野兽蜚鸟实其中。慢于鬼神。大聚乐戏于沙丘，以酒为池，县肉为林，使男女倮相逐其间，为长夜之饮。"①

在司马迁看来，"帝纣资辨捷疾，闻见甚敏，材力过人，手格猛兽"，说明这位末代商王显然是一位文武双全、才能出众的君主。从这一意义来说，帝纣是个颇具"英雄"色彩的人物。这样一位君主，又适逢王权上升的时代，故而养成他刚愎自用、格外自信的性格，也是十分自然的事情。这也就是文献所说的"知足以拒谏，言足以饰非；矜人臣以能，高天下以声，以为皆出己之下"。所以，他在一定程度上的胡作非为也就不可避免。但是，像这样的状况如果处于承平时代还可以，不幸的是，殷纣所处的时代却是"大邑商"江河日下的时代。随着土地的开发和人口的生聚，一些原本依附和服从于大邑商、处于荒凉僻远之地的方国经过数百年的发展壮大，已经日趋强盛，开始觊觎和试图挑战大邑商的众邦之首地位。北方的宿敌土方、舌方、羌方等又不断对商王朝进行侵犯，东南方的人方及后起的强邦盂方等也时常与商

---

① 《史记·殷本纪》。

王朝发生冲突和战争。在这种强敌环伺的险恶情况之下，纯以武力为依托、以大邑商为众邦之首的邦国联合体的固有弱点愈发充分地暴露了出来。

前面说过，大邑商驾驭诸侯、统率众邦的基础仅仅是自身的强大武力，除此之外并无其他更强固坚韧的维系纽带。史载，从帝甲开始，随着武力的逐渐衰落，商王朝经历了"复衰"——"益衰"——"诸侯有叛"——"诸侯益疏"这样一个日益走下坡路的过程。

当大邑商正处于江河日下的时候，作为商王朝邦国联合体一员的小邦周却在日益发展壮大，其首领"西伯"姬昌通过积极地"阴修德行善"，从而使"诸侯多叛纣而往归西伯"①。到了姬昌之子姬发继任周侯的时候，天下诸侯邦国已经有三分之二"归周"，亦即由拥戴"大邑商"转为拥戴"小邦周"，大邑商作为众邦之首的地位实际上已不复存在。

据《史记》中记载："西伯既卒，周武王之东伐，至孟津，诸侯叛殷会周者八百。诸侯皆曰：'纣可伐矣。'武王曰：'尔未知天命。'乃复归。"②这其实是一次小邦周对大邑商的武力侦察试探，所以文献称此次行动为"观兵于孟津"。"观兵"二字

---

① 《史记·殷本纪》。
② 《史记·殷本纪》。

准确揭示出大邦殷与小邦周二者关系的实质。由此不难看出，殷周之间的关系绝非后世那样的君臣依附关系。

"观兵于孟津"之后两年，纣的行为更加暴虐，杀王子比干，囚箕子。"殷之大师、少师乃持其祭乐器奔周"①，周侯姬发认为伐商的时机已经成熟，于是遍告周之友邦诸侯："殷有重罪，不可以不毕伐。"大举起兵，"率戎车三百乘，虎贲三千人，甲士四万五千人，以东伐纣"②。周师东渡黄河，至于孟津，拥护周邦的友邦诸侯纷纷前来会合，一路浩浩荡荡直杀到距离殷商的都城只有七十余里的牧野（今河南省淇县南）。誓师于牧野的反殷联军，包括周人与西土的"友邦冢君"，以及庸、蜀、羌、髳、微、卢、彭、濮等部族邦国的军队，共有兵车四千乘，陈师于牧野。据《史记》记载，殷纣王闻讯以后，发兵七十万迎战。双方于牧野大战，殷纣的军队很快就溃败了。史称："纣师虽众，皆无战之心，心欲武王亟入。纣师皆倒兵以战，以开武王。武王驰之，纣兵皆崩，叛纣。"③

牧野之战兵败以后，以周为首的反殷联军旋即攻入殷都朝歌，纣王登鹿台自焚而死，以殷为"诸侯之长"的邦国联合体从此而

---

① 《史记·殷本纪》。
② 《史记·周本纪》。
③ 《史记·周本纪》。

被周的封建制封国体制所替代。随着殷王朝的灭亡，一个新的、以周王朝政治文明为标志、具有极其重要意义的伟大时代即将拉开序幕。①

---

① 参引齐涛主编，王和著：《中国政治通史 ——从邦国到帝国的先秦政治》，泰山出版社2003年版，第175—183页。

第三章　初步形成大一统
——周公对夏商政治之扬弃

周公生活于殷周之际，历经文、武、成王三代，既是创建西周王朝的开国元勋，又是稳定西周王朝、促使"成康之治"出现的主要决策人。周公深明社会变迁发展的原因，精通政治统治的管理策略，思想敏锐而勇于创新，博学多识而善于决断。西周初年的典章制度，多为周公损益前代政治文化而兴创制作。西周政权的稳固，实乃周公审时度势为之奠基。他一生辅佐武王和成王，在政治上有大作为，在国家制度创新上有大开拓。他创建的一系列政治制度以及仁德政治，超过前人，足可垂范后世。

第一节　周公治国

周公，姬姓名旦，是周文王之子，周武王之弟，周成王的叔父，因受封于周，故称周公。

周公生活于殷周之际，历经文、武、成王三代，既是创建西周王朝的开国元勋，又是稳定西周王朝，促使"成康之治"出现的主要决策人，"周公集黄帝、尧、舜、禹、汤、文、武之大成，其道繁博奥衍"[①]。他深明社会变迁发展的原因，精通政治统治的管理策略，思想敏锐而勇于创新，博学多识而善于决断。西周初年的典章制度，多为周公损益前代政治文化而兴创制作。西周政权的稳固确立，实乃周公审时度势为之奠基。周公倾其一生，先后辅佐武王和成王，在政治上有大作为，在国家制度创新上有大开拓。他创建的一系列新的政治制度以及仁德政治，超过前人，足可垂范后世。

周公生活在一个戎马倥偬、万事草创的时代。

公元前 11 世纪，武王伐纣，牧野一战，瓦解了商朝，商纣王自焚而死，周王朝取商而代之。

在这场灭商兴周的波澜壮阔的战争中，周公不仅是目击者，

---

① 杨琥编：《夏曾佑集》下，上海古籍出版社2011年版，第808页。

而且也是积极的参与者，他目睹了商王朝覆亡的全部过程，对国家的兴衰有着深刻的体会和感悟。

周王朝是通过牧野一战而定天下的。周人虽然占领了商都朝歌，但并未全部解除殷人的武装。因此，暂时的征服不等于永远牢固的统治，而如何取得最后的胜利，"小邦周"如何真正取代"大邑商"，如何有效地统治新征服广大地区的民众，这个相当复杂而尖锐的问题摆在周初统治者的面前。

周初，政治形势十分严峻。

首先，表现为殷民及其同盟的基层组织并没有被彻底摧毁，"殷顽民"蠢蠢欲动，伺机反扑，"其登名民三百六十夫，不显亦不宾灭，以至今"①。这是指商朝虽然因周武王攻取朝歌而灭亡，但其基层政权组织与力量仍然独立存在，周武王总感到是个心腹大患，以致为此彻夜不寐。

牧野战后的相当长一段时期内，周王朝势力不达今豫东、山东、河北。东方地区与周王朝关系一直处于紧张的状态。为了安定局面，武王封商纣王之子武庚禄父照旧统治商故都地区，派管、蔡、霍三叔监视，但适得其反，不久就发生了"管蔡以武庚叛"的乱象。《尚书》中记录了这次叛乱的发生："越兹蠢。殷小腆诞敢纪其叙。

---

① 《史记·周本纪》。

天降威，知我国有疵，民不康，曰: 予复! 反鄙我周邦。今蠢今翼。"①
武庚叛乱波及面很广，东达整个山东半岛直到海边的东夷各族，
东南及徐淮各族，南方荆楚也与东方叛乱此呼彼应。②管叔、蔡叔
和武庚是叛乱魁首。经过三年多的激战，王师方才平叛。对于周
室来讲，正如他们感叹所云："予造天役，遗大投艰于朕身，越
予冲人。"③东征平叛弄得他们焦头烂额，捉襟见肘。东征虽取得
了胜利，但殷"顽民"并没有完全臣服。"今惟民不静，未戾厥心，
迪屡未同"④。虽屡次开导，也不与周人同心同德。为此周公劳心
费神。周公特意告诫不听命的殷民和东方诸国说："尔乃迪屡不
静，尔心未爱；尔乃不大宅天命，尔乃屑播天命，尔乃自作不典，
图忱于正。我惟时其教告之，我惟时其战要囚之，至于再，至于
三。乃有不用我降尔命，我乃其大罚殛之! 非我有周秉德不康宁，
乃惟尔自速辜。"⑤周公责备殷民不听劝告，两次三番谋反。周公
严厉地向他们发出警告，要对不听命者坚决镇压。可见，殷顽民
与东方诸侯的叛乱已成为周王朝初期存在的一个最大的社会与政
治问题。

---

① 《尚书·大诰》。
② 《史记·鲁世家》。
③ 《尚书·大诰》。
④ 《尚书·康诰》。
⑤ 《尚书·多方》。

其次，周贵族集团虽然是胜利者，但内部矛盾也开始显露出来。
这主要表现在：

第一，灭商之后，周统治者滋生了麻痹松劲情绪。牧野大胜
后，武王就把"马，散之华山之阳，而弗复乘；牛，散之桃林之野，
而弗复服。车甲衅而藏之府库，而弗复用。倒载干戈，包以虎皮；
将帅之士，使为诸侯；名之曰'建橐'。然后，知武王之不复用
兵也"①。这就是历史上的"刀枪入库，马放南山"成语的由来。

第二，周贵族生活开始腐化。周公总结商亡的重要原因是："荒
腆于酒。"②周公敏锐地觉察到，灭商不久，周人也染上了酗酒等
不良习气。他指出："天降威，我民用大乱丧德，亦罔非酒惟行。"③
周公对年幼的成王不放心，语重心长地劝告说："呜呼！继自今嗣
王，则其无淫于观、于逸、于游、于田，以万民惟正之供。"④从
周公的告诫之词也能透露出西周贵族集团的腐化风气已有了苗头，
迫使周公不得不向自己敲起了警钟。

第三，此时，西周贵族集团内部也开始出现了裂痕。东方叛
乱固因殷民和东方部落首先发难，但也是他们串通三叔从内部瓦
解策应才得以发动的。更为严重的是中央集团的核心人物之间出

---

① 《礼记·乐记》。
② 《尚书·酒诰》。
③ 《尚书·酒诰》。
④ 《尚书·无逸》。

现了不和的情况。据史籍记载，太保召公对周公摄政"不说"，甚至"疑之"①。这必然削弱周的统治力量。

第四，周初，周政权把军事重点放在东方，这就必然会造成大后方的空虚。"有大艰于西土，西土人亦不静，越兹蠢。"②"西土人"指的是周人以及西方同盟部落。这说明当时周王畿内部也出现民心不稳的倾向。东方叛乱就正是在这种"知我国有疵，民不康"③的情况下发生的。

灭商第二年，周武王去世，周成王年幼，周公摄政，东方叛乱，新生的王朝面临危急存亡之秋，周公肩负着保卫家国的历史重任，怎样处理好创业和守业关系，这个严峻的问题摆在了周公面前。

根据《尚书大传》的记载，周公的政治智慧主要集中在武王死后，因成王年幼而摄政的七年时间内。"周公摄政，一年救乱，二年克殷，三年践奄，四年建侯卫，五年营成周，六年制礼作乐，七年致政成王。"④战国时期，荀子也在《荀子·儒效》篇中说："大儒之效：武王崩，成王幼，周公屏成王而及武王，以属天下，恶天下之倍周也，履天下之籍，听天下之断，偃然如固有之，而天下不称贪焉。"这就是说，在周武王死后，周公为了统一天

①　《史记·燕召公世家》。
②　《尚书·大诰》。
③　《尚书·大诰》。
④　转引自吕庙军著：《周公研究》，人民出版社2012年版，第17页。

下，就撇开成王，自己来继承武王之位，安然地坐在天子的位置上听天下之政，攻杀反叛之人，按照自己的意志分封诸侯，完全把天下当作自己之天下。但人民很信服他，并无半点闲言碎语。根据荀子所言，武王死后，周公无论在名义上还是实际上都是至高无上的周王。事实上，周公之所以能够在周初立下那么多的丰功伟绩，没有这样一种至高无上的王者的身份作为依靠是根本不可能的。

在周初七年中，周公主要做成了以下五件大事：

一、东征平叛

周武王死后，叛乱席卷整个东方大地。东夷诸小国，本来在殷商时代就没有真正统一于中央王朝，商王屡次用兵，效果并不明显。西周初年，他们趁周王朝内部的分裂，鼓动武庚反周复商，处于摇篮中的西周王朝大有夭折的危险。国难当头之际，周公力排阻力，果敢地承担了平叛的历史重任。

东征前，周公发布《大诰》，尖锐地指出当时形势的严重性。针对当时贵族内部有人公然反对出征，散布什么"不可征"言论，周公反复说服太公望与召公奭等在周王朝中举足轻重的人物，希望他们了解文王创业的艰难，竭尽全力支持他去完成文王的未竟事业。

东征平叛，用了三年的时间，仗打得非常激烈，无论是先秦文献，还是发掘出土的铜器铭文都记载了当年的实际战况。

《逸周书·作雒篇》记："周公立，相天子，三叔及殷、东、徐、奄及熊、盈以畔……二年，作师旅临卫攻殷，殷大震溃。降辟三叔，王子禄父北奔，管叔经而卒，乃囚蔡叔于郭凌。凡所征熊、盈族十有七国，俘维九邑，俘殷献民迁于九毕。"

《孟子·滕文公下》记："周公相武王，诛纣，伐奄，三年讨其君，驱飞廉于海隅而戮之，灭国者五十。"几乎描述了周公东征的全过程，战果辉煌。

《诗经·破斧》云："既破我斧，又缺我戕。周公东征，四国是皇。哀我人斯，亦孔之将。"四国指殷、东、徐、奄，皇借为惶，诗中所言：周公东征，战斗进行得非常激烈，周军兵锋所指，打得东夷四国十分仓皇。平叛结果，王子禄父北奔，不知下落，杀管叔，流放蔡叔，贬职霍叔，"灭国者五十"，商王朝时即不服中央王朝管制的东夷诸邦这才最终真正纳入了周王朝的版图。

周公东征意义甚大。

第一，周公东征，挽救了濒于颠覆的新建王朝，避免了历史再回到殷末那种"如蜩如螗，如沸如羹"①的纷纷扰扰的氏族部落林立的万邦社会中去。由于"周公兼夷狄，驱猛兽而百姓宁"②，

---

① 《诗经·大雅·荡》。
② 《孟子·滕文公下》。

使周初社会获得了初步的安定环境。史载，"成、康之际，天下安宁，刑措四十余年不用"①。

第二，通过周公东征，进一步扩大了周王朝的统治疆域，甚至把一直不服从商王朝统治的东夷诸部落也纳入到了周王朝的版图之中。东达海隅，南及徐淮，为后来大分封创造了条件。可以说，没有周公东征，就没有后来华夏族与东夷族的迅速融合与发展。

第三，通过周公东征，向东方或东南方传播了华夏文化。对后世中国文明影响很大的齐鲁文化就是在周公东征胜利的基础上逐渐孕育起来的。

二、营建洛邑

营建洛邑是周公东征后所完成的第二件大事。

周武王灭商之后，不久就产生了营建一个东都的设想。《逸周书·度邑解》记载武王曾打算把东都设在伊洛之间。《何尊》铭记：武王曾考虑在地处天下之中的商故都附近建立一个新邑。先派召公奭到伊洛之间勘察地形，选择新邑的地点。东征胜利后，"周公往营成周"②。应该说，营建洛邑的倡导者是武王，而实践

---

① 《竹书纪年·周纪》。
② 《尚书·洛诰》。

者是周公。

营建洛邑的目的是把洛邑变成周在东方的一个经济政治军事中心。洛邑"此天下之中，四方入贡道里均"①。这里便于向东方各族收括，是吸吮东方财富的咽喉。同时，迁殷"顽民"于洛邑成周，便于加强对他们的政治统治。另外，这里驻防成周八师，严密监视东方各族的行动。由于洛邑的营建，也加强了西周王朝与东方各族的政治经济联系，"昔成王合诸侯，城成周，以为东都，崇文德焉"②，周王室向东方诸侯宣扬文治德政，"四方民大和会"③，四方诸侯来新邑朝见，为王室效劳，洛邑成了联系东方各族的政治经济中心。

三、封藩建卫

平叛胜利后，周王朝实际控制的疆域较之商代有了空前的扩大，如何实现对新征服的地区进行有效的统治，达到长治久安，是周公必须解决的现实问题。

在这一关乎周王朝未来命运的重大决策面前，周公决心结束周之前的万邦时代，他在武王初步分封的基础上，彻底实现了中

---

① 《史记·周本纪》。
② 《左传·昭公三十二年》。
③ 《尚书·康诰》。

华早期文明由部落制到邦国制的完全转变。

封建制虽然并非从周公开始，但在他摄政期间，分封进入高潮，封建制也最终作为一项重大政治体制真正确立下来。

据《荀子》一书记载：周公"立七十一国，姬姓独居五十三人"[①]。

又据《左传》记载：

> 昔周公吊二叔之不咸，故封建亲戚以藩屏周。管、蔡、郕、霍、鲁、卫、毛、聃、郜、雍、曹、滕、毕、原、酆、郇，文之昭也。邗、晋、应、韩，武之穆也。凡、蒋、邢、茅、胙、祭，周公之胤也。[②]

可见，西周王朝的规模是在周公大分封后才奠定下来的，通过层层分封，扩大了西周的疆域，这是中华民族政治史上的一次巨大飞跃。

封建制对中华民族具有重大的政治意义。

封建制把许许多多独立分散的氏族、部族组织用血缘宗法关系联系起来，"以藩屏周"，地方诸侯都要宗周，周天子的政令下达到诸侯，造成初步的政治大一统的局面，"溥天之下莫非王土，

---

① 《荀子·儒效》。
② 《左传·僖公二十四年》。

率土之滨莫非王臣"从此成为华夏民族一种共同承认的政治观念，这为华夏文明的孕育发展与政治上的进一步统一创造了条件。可以说，没有周初的大分封，也不会有战国以来的郡县制，更不会有秦以后的中央集权制度。

四、制礼作乐

制礼作乐，是世所公认的周公一生的主要功绩之一。

周公的制礼作乐，实际上就是建立周代一系列政治文化制度，它涉及政治、经济、法律、宗法、礼仪、祭祀、文化、教育等一系列典章制度，是对周人社会政治文化活动的各个方面进行的一次比较全面的规范。

后世儒家称周公"制礼作乐"，把周初一切制度，包括《周官》都说成周公一手制定，未免有武断、夸大之嫌。然而，先秦典籍多处确实记载了关于周公与礼乐的关系。如："先君周公制周礼"[①]；"晋侯使韩宣子来聘……观书于大史氏，见《易》《象》与《鲁春秋》曰：'周礼尽在鲁矣。吾乃今知周公之德，与周之所以王也。'"[②]此外，《逸周书·明堂位》《礼记·明堂位》《尚书大传》等文献都直截了当地称周公"制礼作乐"。可见，周公为制礼作乐作

---

① 《左传·文公十八年》。
② 《左传·昭公二年》。

过重大的贡献，当是毋庸置疑的。西周的典章制度非一时一人所作而完成，从文、武开始创制，由周公总其成，后又经历代充实完善，应是符合实际的结论。

周公非常重视历史的借鉴。孔子说："周监于二代，郁郁乎文哉。"①周公参考了夏、商两代的历史资料，加以损益，删去陈腐、过时的内容，增添新鲜的成分，创造了灿烂、丰富的周文化。这种对历史遗产采取"损益"态度，正是周公"制礼作乐"的重要原则。

（1）在西周政权机构建设方面，实行"内外服"。西周政权机构的特点是"内外服"的设立。"夫先王之制，邦内甸服，邦外侯服，侯卫宾服，夷、蛮要服，戎、狄荒服。"②所谓"内服"，即在中央任职的各级官吏；所谓"外服"，即指分封于王畿范围以外及边远地区的贵族与侯伯。"内外服"制度构成中国早期国家中央与地方关系的雏形，是周公制礼作乐的一项重要内容。

（2）在经济制度方面，推行"井田制"。周政权对全国统治的局面稳定下来以后，周公在经济方面沿承商制，进一步完善井

---

① 《论语·八佾》。
② 《国语·周语》。

田制度，制定籍田法。①西周推行的井田制，亦是周公制礼作乐的一个重要组成部分。

（3）与西周政权建设相配套，建立一系列相关的礼仪制度与祭祀制度。这些制度，对于中华民族政治与文化心理的积淀产生了决定性的影响。它所导引出来的心理定式，经过后世儒家的不断放大，最终奠定了中国礼仪之邦的基础。

（4）教育制度方面，周公重视道德教化，实行"政教合一"的官学制度，加强对贵族子弟入仕前的教育。

五、以德治国

周公不愧是中国古代一位伟大政治家，他清楚地看到了民众在改造历史进程中的伟大作用。因而，他在总结夏、商两朝的历史经验教训的基础上，认为要"祈天永命"，必须"明德"，实行与殷末不同的政策，改革弊政，励精图治。周公重视以礼治国，明德慎罚，提出了一系列颇具创造性的法律思想，在治国方面实现了由神本文化向人本文化的法律思想与制度的转变。他在治国理政的实践过程中，重视贯彻"明德""保民"。

在中国历史上，"明德"思想是周公第一个提出的。

在《尚书·康诰》《尚书·多方》中周公提出"明德慎罚"

---

① 《国语·鲁语》。

的政治思想，在《尚书·无逸》《尚书·立政》中又反复讲"明德""敬德"的重要性。

"明德"是指与暴政对立的德政而言。

"明德"包括两方面的内容：

第一，重教化、感召。周公反复强调教化的重要性，要百官臣僚"其尔典听朕教"①，还指出："尚克用文王教，不腆于酒"②，"古之人犹胥训告，胥保惠，胥教诲，民无或胥诪张为幻"③，教化人民不酗酒，不互相欺骗诈惑。

第二，慎罚。明德与慎罚是一个问题的两个方面，明德包括慎罚，做到慎罚就叫明德。周公认为处罚得当就是"秉德"的表现。

如何慎罚？

周公提出三点要求：一是行罚主要不看罪之大小，而要视其犯罪的动机，倘若是故意犯罪，罪行虽小也要施之重刑；若非故意犯罪，而又知道悔改，罪行虽大，也可以量刑处理。二是审查供词要慎重，要考虑五六天，甚至十天，以免发生断案的错误。三是对"不孝不友"的"元凶"巨恶，要"刑兹无赦"；对"乃别播敷，造民大誉"的贵族，也应施以极刑。做到以上三点就达

---

① 《尚书·酒诰》。

② 《尚书·酒诰》。

③ 《尚书·无逸》。

到"义刑义杀"①，这就叫慎罚。慎罚的目的是更好地用刑，以维护国家与民众的利益。②

在"保民"思想落实方面。

"保民"思想首由周公提出。周公反复讲："往敷求于殷先哲王用保乂民"，"若保赤子，惟民其康乂"，"明乃服命，高乃听，用康乂民"③。其内容都是劝告康叔要懂得"保民"的重要性。周公告诫统治者要"知稼穑之艰难"，"知小民之依"，"能保惠于庶民"，"怀保小民，惠鲜鳏寡"④。注重体察民众的艰难和疾苦，不过分剥削，给百姓安居乐业的空间。

综上可见，周公不愧是中国政治文化史上一位极为重要的人物。"谈中国传统的礼乐文化，谈人文化成，都离不开周公。更为重要的是，周公对于中国传统文化价值体系的形成和发展，有着独特的贡献。"⑤他一生辅佐武王和成王父子，在政治上有大作为，在文化上有大开拓。他尊重传统，注意以史为鉴。他所开创的西周人文主义精神，对后世中华文化传统产生了极为深远的影响，

---

① 《尚书·康诰》。

② 参见詹子庆：《周公——我国古代第一位大政治家、大思想家》，《东北师大学报》（哲学社会科学版）1984年第1期。

③ 《尚书·康诰》。

④ 《尚书·无逸》。

⑤ 辜堪生、李学林著：《周公评传》序，四川大学出版社2006年版。

为后世中国留下了不可磨灭的重要印记。史学家钱穆因此感叹说："中国之有孔子，其影响之大且深，夫人而知之。然孔子之学术思想，亦本于中国固有之民族性，构成于历史的自然之发展，绝非无因而致者。孔子晚年，有'久矣！不复梦见周公'之叹，则其壮年以来之于周公，其思慕之忱为何如？孟子云'周公、仲尼之道'，后世亦每以周、孔并称，非无故也。"①

第二节 宗法政治化与王权的加强

周代政治制度是以封建制为基础的一整套庞大的政治体系构建而成的。它主要包括分封制、礼乐制以及在二者基础上建立起来的一整套详细而庞杂的宗法制度。封建制的意义，主要体现在"大邦维屏，大宗维翰，怀德维宁，宗子维城"②上面。也就是说，诸侯国是天下的屏障，宗族是天下的栋梁，德政是安定的保证，嫡子是天下的城墙。这种通过封建制度，将周政权与整个国家牢固地连接在一起，"较好地解决了中央与地方之间的关系问题，弥补了夏商二代所暴露出来的中央对地方控制十分薄弱的缺陷。它对于维护一姓之天下在一定时期内的有效统治而言，也不失为一

---

① 钱穆著：《周公》，弁言，九州出版社2011年版，第1页。
② 《诗经·大雅·板》。

种较为明智的选择"①。

周人在古公亶父之前，还是一个弱小的族群。自古公亶父迁岐以后，励精图治，团结族众，为周人日后的崛起奠定了基础。武王克商后，回顾历史，认为周人取天下的基础肇始于古公亶父时期，因而追封他为"太王"。自古公亶父开始，接着是季历和周文王，连续三代自强不息，到文王时，弱小的周人已经开始强大起来。

恰好与此同时，威震天下数百年之久的"大邦殷"由于几代殷王的昏庸无道，以及其他种种因素，国势江河日下。骤然强大起来的周人利用殷人专力对付东方反叛邦国的时机，联合"友邦冢君"，率领各方国、部落联军突然发难，一举取殷鼎而代之。这样，僻处西陲的"小邦周"便从此取代了"大邦殷"在中国早期的统治地位。

周人之所以能够打败殷人，除了通过自身不懈的努力外，实有种种偶然的因素。殷人虽然因牧野一役战败，然而积威日久，力量尚存。而且殷遗民人数众多，势力依然雄厚。所以周人代殷之初，在心理上对于能否成功地统治天下并无充分的自信。只是到了周公东征胜利以后，随着周人统治的巩固，这种自信心才随之增强起来。

---

① 辜堪生、李学林著：《周公评传》，四川大学出版社2006年版，第129页。

正是由于在代殷之初周人对拥有与治理天下尚无充分的自信，故殷人作为数百年盟主的威望所具有的强者启示的作用，以及对历史惯例的遵循与受传统习俗的影响，使周人在代殷之后最初试图建立的国家体制，仍旧是效仿殷政治模式的、以周为领袖国的方国联盟王朝。过去的大量研究成果告诉我们，周初大规模分封诸侯是在成王时代。武王克商以后，所做主要不过是"释百姓之囚，表商容之闾，封比干之墓"，其后不久便"罢兵西归"。对于作为亡国之余的殷人，反而倒是"封商纣子禄父殷之余民"①。这说明一开始周统治者还是按照夏商以来的惯例，在打败敌国之后令其服从即可，并没有从根本上认识到消化殷国的重要性，而仅仅是让殷人作为邦国联合体之一员服从于周即可，正如"小邦周"曾经长期作为邦国联合体之一员服从于"大邦殷"一样。这种处理方法，正是部族社会时代的典型做法。倘若失败的殷人能够从此甘心屈居于从属的地位，那么周政权未必不会像殷商那样，最终成为一个众多方国林立的时代。

然而形势总是在发生变化，企图复兴祖业的商纣王之子武庚，联合被周政权派来监视他，却因对周公摄政不满而与之勾结的管叔和蔡叔，想乘武王新死、成王年幼而周公大权在握的"主少臣疑"

———————

① 《史记·周本纪》。

之机起而叛周，这就使立足未稳的周王朝立即面临被颠覆的危险。大政治家周公旦于危急存亡之时坚决果断地力排众议，毅然率师东征平叛，再次挫败殷人，彻底粉碎了殷人重登盟主宝座的复辟梦想。

东征平叛后，周公总结教训，深感殷人的霸主地位积数百年之久，势力尚在，余威犹存，而周族则乍然兴起，力量有限，倘若治国方略完全依照殷代制度，那么殷人一旦于猝然打击之后的失败中复苏，由于其人口众多，旧土广大，周政权能否巩固统治将吉凶难卜。基于此种考虑，挟再胜之威，由雄才大略的周公旦亲自规划设计，对国家制度进行了具有极其深远意义的重大改革，彻底实行了"封建亲戚，以藩屏周"的分封制度，将同姓诸侯与周室勋臣封派到原先周人势力不及的地区进行统治；同时，又通过"制礼作乐"，使周系诸侯与其他文化落后的部族方国截然区分开来，而周系诸侯之间则具有了共同的文化观念与制度约束的同一性基础。这就改变了周初那种不平等方国联盟的政治格局，把周王朝改造成为一个宗法政治化的、以共同的政治利益为基础的、以礼乐制度和文化观念为纽带的、以周王为宗主的宗族诸侯为主、异姓诸侯为辅的强大的统一王朝。

在这一改造的过程中，周人原有的、成熟的农业生产方式所具有的文化特性，与现实的迫切政治需要紧密地结合起来，以长治久安为目的，以分封制、宗法制、礼乐制、内外服制等制度为基石，创建了发达的、打破夏商以来部族结构社会桎梏的、以宗法封建制、礼乐制度为基本特征的、由早期国家开始向成熟国家发展过渡的农耕文明政治时代。

夏、殷二代，天下众多的方国邦族大多采取亲族聚居的形式，所谓的一国其实就是一族，兼有血缘部族与早期地缘国家的特点。殷人的方国在当时是最为强大的，自称"大邑商""大邦殷"。与它同时并立的还有众多的大小方国，这些方国包括大邑商自己在内，都是自然生长起来的，它们于各自直接控制的辖土范围之内，均采取血缘聚居的方式。"大邦殷"虽然征服过许许多多的方国，但并没有把这些异姓方国融化为自己邦族的一部分，而仅仅是迫使他们处于附属、服从的地位。因此，所谓的殷王朝，实际上不过是以大邑商为领袖的、由众多方国组成的一个松散的方国联合体，与周王朝在政治、文化上全方位的大一统有着天壤之别。殷王朝直接控制的"四土"不过为今天黄河中下游的冀南、豫中一带。其他的邦族方国，基本上都是独立的，它们有着各自的宗教信仰、神灵崇拜、文化传统、风俗习惯。它们和"大邦殷"之间的关系，仅仅是一种首领和从属的关系。它们之所以奉"大邦殷"为领袖，听从"大邦殷"的调遣指挥，仅仅是因为"大邦殷"的实力强大而不是什么其他更重要的共同文化因素。舍武力震慑外，二者关系中并无其他以制度和信仰为基础的、具有强大影响力和制约力的恒久性因素。

　　周初封建制则与殷商的方国政治联合实体不同。它是在打破旧式部族方国血缘界限的基础上，以周王授土授民的名义赐予，由姬姓或异姓功臣建立的、以周人为统治族的新型国家。在分封整合过程中，原来的"殷民七族""殷民六族"以及其他一些商代强大方国的贵族和遗民，整族整族地被迁往各周人封国，由封国统治者"帅其宗氏，辑其分族，将其类丑，以法则周公，用即命于周"①。进行分化式管理。这样做的结果，使得殷人的旧有势力脱离本土，云散四方，被分别羁绊，已不可能重新聚合，死灰复燃。所以，经过周公分封之后的殷人，已没有了重温复国旧梦的可能。更重要的是，通过周初的封建制过程，这些由周王授土授民新建的国家，已经不是旧式的血缘聚居的方国，而是由周人、本地土著以及外迁的殷人和其他方国各部族混合、以周人为统治者的新型国家。过去那种一族即是一国的情况在周系诸侯（至少是其主要诸侯国）里不复存在，从而，兼具血缘与地缘特征的早期国家时代向以地缘划分居民的成熟国家过渡的发展过程已经开始。同时，这些分封的诸侯国家在名义上属于周王所有，在实际政治生活中也必须听从周王的指挥，并承担各种责任与义务。它们与周王室的关系，已不再是方国联合体中的那种松散的成员与首领的胁从关系，而是臣属与君主的利害统一关系，这使王权

---

① 《左传·定公四年》。

大大得到强化。这种变化，正如王国维所言："由是天子之尊，非复诸侯之长，而为诸侯之君。"① 中华民族"天下一体"的观念也由此产生。

周初大规模的分封不但使中国早期的国家制度向前发展了一大步，而且又因为宗法关系的政治化而导致了宗法制度的完善与发达，这深刻地影响了后来中国的历史与民族的文化习性。

周初宗法关系政治化是周统治者加强王权的手段，而宗法制度的发达完善则是这种宗法关系政治化的结果。周初分封的主要国家，大多与周王室有着宗亲或姻亲关系。《左传》昭公二十八年说："昔武王克商，光有天下，其兄弟之国十有五人，姬姓之国四十人，皆举亲也。"《荀子·儒效》说：周公"兼制天下，立七十一国，姬姓独居五十三人"。

周统治者以宗法、礼乐政治化的方法实行统治，大约出于三种考虑：

1. 为对那些鞭长莫及的地区实施有效的统治，把它们纳入周政权的势力范围之内。

周初，人烟稀少，自然界的大部分领域尚是洪荒天地，人类的活动充其量不过开辟了少量的中心地区，以及中心地区之外的

① 王国维著：《观堂集林·殷周制度论》，河北教育出版社2001年版。

一些重要的地方。因此，在周初阶段，以宗法、礼乐政治化的方法实行治理，乃是唯一有效的统治方法。周政权采取武装殖民，派同姓子弟及异姓姻亲，于远离邦畿数百里乃至数千里之外的要冲地区建国，用强化宗法关系、加强家族血缘纽带的办法，使大部分诸侯特别是那些分封于要冲地区的主要诸侯家族化，实际上是以宗族分权的形式扩大和巩固姬姓的家天下。这些分布在极其广大地域之内的周系诸侯，以宗法关系为基础，以礼乐制度为纽带，同气相求，守望相助，他们以"华夏"自称，以自别于周系诸侯之外的其他"蛮夷"，使周王朝在远较"大邦殷"的范围广阔得多的地域内实现了有效的统治，从而为三代之后的中央集权帝国的出现奠定了基础。

2. 为巩固贵族阶层的内部秩序，减少统治集团内部的权力摩擦与财产争夺。

所谓宗法与礼乐制度，其最初的本质意义不过是贵族内部的组织法、习惯法而已，它具有以"名分"约束同姓贵族成员安守本分、不使"僭越"的作用。"故先王之法，立天子不使诸侯疑焉，立诸侯不使大夫疑焉，立嫡子不使庶孽疑焉。疑生争，争生乱。是故诸侯失位则天下乱，大夫无等则朝廷乱，妻妾不分则家室乱，嫡孽无别则宗族乱。慎子曰：'今一兔走，百人逐之。非一兔足为百人分也，由未定。由未定，尧且屈力，而况众人乎？积兔满市，行者不顾。非不欲兔也，分已定矣。分已定，人虽鄙不争。故治天下及国，在乎定分而已矣。'"① 由此可见，将宗法、礼乐制度化的结果，是使周天子成为天下的共主，海内的大宗；诸侯成为封国内的共主，卿大夫的大宗；卿大夫成为贵族家庭内部的共主，士人的大宗。这样做的目的，在于使周统治集团内部尊卑等级的关系制度化、秩序化，明确不同身份、不同等级贵族间的权利和义务。

3. 强化周民族整体意识的需要。

周人是传统的农业民族，消弭贵族内部的分争、追求稳定的社会环境，是其特定的生产方式的必然要求。过去，在周人处于强敌环伺的艰难环境下时，第一位的迫切要求是必须要有精明强干的领导，其他考虑尚无暇顾及。所以古公亶父死后，由于他的小儿子季历以贤能著称，因而被立为继承人。但周人代殷以后，特别是周公东征胜利以后，天下大局已定，如何能够长治久安，开始成为周统治者首要考虑的重大课题。周公在制礼作乐、实行分封、变革国家的政治制度时，在殷人已有的嫡子继承制度的基础上，把这种区分嫡庶的王位继承制度进一步严格化和推广，并由此而贯彻到底，把这一制度由天子、诸侯进而推行到卿大夫、士等各级贵族阶层。

按照这种严格化的宗法制度的规定，各级统治者和贵族的配

① 《吕氏春秋·慎势》。

偶均有妻妾之别，正妻所生之子为嫡子，其余为庶子。从周王、诸侯、卿大夫到士，有权继承王位及各级爵位者只限于嫡子，在理论上为嫡长子。宗法制度在周代是一种全社会性的制度。按照这种严格化的宗法制度，由嫡长子继承的世系被称为"大宗"，嫡长子称为"宗子"，又称"宗主"，为全体族人所共尊。大宗之外的其余支系称为"小宗"。大宗在决定宗族事务，如财产、外交、祭祀、军事活动等方面拥有种种特权，而小宗则有服从大宗的义务。由此推见周代的大宗所具有的尊荣与权威。当然，我们在这里所说的"嫡长子继承制"，由于当时各种具体因素的影响，在实际的执行过程中会有种种情况各异的结果。例如在位君王的性格能力，妻妾的受宠程度和势力大小，众子的贤愚差别等等，都可能影响到这一制度的贯彻与执行。而且，由于条件不同，各诸侯国制定的具体政策往往也并不一样。有的采取以嫡幼子继承为主，有的甚至在较长时间内保持着由"兄终弟及"到"父死子继"之"一继一及"制度。尽管在实际的政治生活中存在着种种例外的情况，但从总体看，周代至少在理论上是明确规定了嫡长子继承制的。这就是《左传》襄公三十一年所说的："太子死，有母弟则立之，无则立长，年钧择贤，义钧则卜。"意思是说：倘若太子在未即位时死去，那么应当立他同母的兄弟为太子；倘若没有同母的兄弟（意指国君正妻所生嫡子只有一人），那么就应当立庶子中最年长的为太子；倘若庶子中有两人年龄一样，那么应当立其中贤能的一位为太子；倘若年龄与贤能程度都一样，那就只好通过占卜，由神意去裁决了。应当看到，区分嫡庶，是周人宗法思想中最具关键意义和深远影响的伟大发明，后世的尊尊之统也由此奠基。周人在宗法关系政治化的过程中，不但把殷人已经实行但尚未明确总结的"亲亲"原则观念化，更明确在思想上和制度上区分嫡庶，提出了"尊尊"的原则，把宗族内部本来因血缘亲疏相同而居于同等地位的人进一步依嫡庶身份的不同而划分为不同的等级，从而使宗族内部的等级关系更加复杂、细密和固定，并通过"礼"的强制约束使这种等级关系制度化。

今日看来，周代封建制不仅是一种制度的变革，而且还导致人们的文化心理素质发生变化。就文化心理素质变化的意义而言，嫡庶制度建立的最重要结果，在于使宗族内部及与之有关的姻亲之间的人际关系大为复杂化，它不仅表现为嫡子与庶子之间的关系，而且牵涉到大宗与小宗、大宗的族人与小宗的族人、妻与妾、妻的亲属与妾的亲属、妻妾的亲属与不同等级的各类族人之间的层层关系。从宗族关系来讲，尽管"大宗"在名义上的限定比较严格，但是这种制度一旦实行，那么在每一个宗族的内部，除了继承始祖的主系之外，其他各旁支宗系在事实上都兼有大宗小宗的双重地位。

从个人关系讲，属于不同宗系、处于不同等级的人，由于各自依据自身的血缘与嫡庶地位而与宗族中的其他人具有不同的尊卑亲疏关系，所以必须分别按照尊卑亲疏关系的不同，对于地位不同的族人和姻亲采取各不相同的态度，遵守各不相同的礼仪，拥有各不相同的权利和义务。这种复杂而制度化的等级关系，大大强化了国人的角色意识，这是华夏文化区别于其他文化的最显著的一个特点。①

周政权以分封制、宗法制、礼乐制等为内容建立起来的一整套完善的封建制度，对传统中国产生了长期的影响。数千年来王朝虽然兴替更迭不断，但以血缘、地缘关系为纽带的宗法组织——家族，一直充当着中国社会的基石。经过后世汉、宋等朝的继承与发展，中国民间以男系血统为中心，以家国观念为文化核心的宗族共同体长期存在，深刻地影响了此后的中国政治文化生活。

第三节　以德治国政治理念的诞生

中华民族素有"礼仪之邦"的美称，但很多人尚不知道，"礼仪之邦"是由周王朝奠基与开创的。"有周一代之事，其关系于中国者至深，中国若无周人，恐今日尚居草昧。盖中国一切宗教、

---

① 参引齐涛主编，王和著：《中国政治通史——从邦国到帝国的先秦政治》，泰山出版社2003年版，第189—202页。

典礼、政治、文艺，皆周人所创也。中国之有周人，犹泰西之有希腊。泰西文化，开自希腊，至基督教统一时，希腊之学中绝。洎贝根以后，希腊之学始复兴。中国亦有若此之象，文化虽沿自周人，然至两汉之后，去周渐远，大约学界之范围，愈趋于隘，而事物之实验，愈即于虚，所以仅食周人之弊，而不能受周人之福也。"[1]

德政之始，始于周朝。

殷周王朝新旧政权的交替变革，开启了中国社会政治和文化思想的崭新发展历程。以周公为代表的西周初年的统治者，在创建巩固新兴政权的政治活动中，基于对历史与现实、政治与文化的理性反思，创立了宗法制度的社会结构体制，确立了礼乐文化的政治道德规范，推进了中国文化的道德精神特征的兴起与发展。特别是周公提出的"以德配天""敬德保民""明德慎罚"的德治主张，作为西周初年中国政治文化的道德精神特征的集中体现，不仅从政治策略上和文化意识上巩固了周初政权，而且具体展示了当时中国文化对于人的存在的自觉认识和主动构建的时代轨迹。它对于中国传统社会文化的更新递进，以及民族生存方式的抉择完善，无疑具有影响深远的政治意义与重要的文化价值。

周初统治者的德治思想与实践，是在创建巩固西周政权的特

---

[1] 《夏曾佑集》下，上海古籍出版社2011年版，第806—807页。

定历史条件下，通过周公等人对于社会文化的反思认识和总结阐发而形成的。它不仅概括了夏商以来中国政治思想的精华，而且开启了中国政治文化对于人的存在的自觉认识历程。

周族长期作为臣服于夏、商二代的一个地方政权，为了谋求自身的生存与发展，从公刘开始，历经古公亶父、季历、文王等周族首领，在其创业过程中，皆能积德行义，笃仁行孝，敬老慈少，礼贤下士，注重倡导道德，管理教化民众。特别是文王，尤能遵后稷、公刘之业，守古公亶父、季历之法，积善累德，诸侯皆向之。周公也是"自文王在时，旦为子孝，笃仁，异于群子"①。应该说，周代德政，是周人重德文化长期熏陶与发展的必然结果。

但是，周朝以德治国思想升华与贯彻落实则是经周公之手完成的。

探讨政治策略与政权兴亡的内在关系，是周公德治思想形成的原因之一。

周初统治者在对夏、商、周三代政权变革的反思中，认识到了统治者自身行为得失是政权转移的关键因素。夏亡商兴，是由于夏朝统治者为政不行善德所致。夏朝"自孔甲以来而诸侯多畔夏，

---

① 《史记·鲁周公世家》。

桀不务德而武伤百姓，百姓弗堪"①。商汤从夏代灭亡的教训中，认识到了为政要勤于民事，有功于民，才能持有天命，巩固政权，故他说："毋不有功于民，勤力乃事"，"古禹、皋陶久劳于外，其有功乎民，民乃有安"，"后稷降播，农殖百谷。'三公'咸有功于民，故后有立。昔蚩尤与其大夫作乱百姓，帝乃弗予，有状。先王言不可不勉"②。由此可见，能否实行有德于民的政治策略，是一个政权兴亡的重要因素。周公在总结商亡周兴的原因时认识到，商朝的灭亡是由于其统治者为政实行残暴统治和腐败淫虐所致。商朝先王盘庚和武丁，由于为政不敢"自荒兹德"，"不敢动用非德"，注重"用德彰厥善"③，"式敷民德，永肩一心"④，所以商代政权得以稳固兴盛。但是，自商王祖甲以后，"不知稼穑之艰难，不闻小人之劳，惟耽乐之从"⑤，政权因以衰落。特别是商纣王，为政重用奸佞，残害贤人，滥施酷刑，不闻民苦，横征暴敛，荒淫无度，最终导致政权的覆灭。而周王朝的兴立，在于周人实施了重视德治的政治策略。特别是周朝的奠基者周文王，在其政治活动中，提倡惠和，选贤任能，注重民生，减轻税赋，奠定了

---

① 《史记·夏本纪》。
② 《史记·殷本纪》。
③ 《尚书·盘庚上》。
④ 《尚书·盘庚下》。
⑤ 《尚书·无逸》。

灭商的基础。故周公说："文王卑服，即康功田功，徽柔懿恭，怀抱小民，惠鲜鳏寡，自朝至于日中昃，不遑暇食，用咸和万民。文王不敢盘于游田，以庶邦惟正之供。"① 由于文王为政"礼贤下者，日中不暇食以待士"，"积善累德，诸侯皆向之"②，最终武王得以推翻商朝政权。"纣作淫虐，文王惠和。殷是以陨，周是以兴。"③ 以周公为代表的周初统治者，在对历史的认识总结中，在亲身经历了殷周变革的社会活动中，深刻认识到了德治政策与政权兴亡的直接关系，这就决定了他为了巩固新兴的周朝政权，必然吸取历史与现实的经验教训，实施以德治国的大政方针。

周代以德治国的实践主要表现在以下几个方面。

1. 规范君德。

在周人看来，王之德具有多方面的要求，刘泽华将其归纳为十项内容：（1）敬天。（2）敬祖。（3）尊王命。（4）虚心地接受先哲的遗教。（5）怜小民。（6）慎行政，尽心治民。（7）无逸。（8）行教化。（9）做新民，即改造殷民，使其改邪归正。（10）慎刑罚。④ 这十项内容全面概括了周人之君"德"的内涵，

---

① 《尚书·无逸》。

② 《史记·殷本纪》。

③ 《左传·昭公四年》。

④ 参见刘泽华著：《中国古代政治思想史》，南开大学出版社1995年版，第9页。

从中可知。周人的王德主要在于处理好与天的关系、与民的关系、与祖先的关系以及处理好君主自身的修养等等。

2. 运用尊卑有序的政治道德原则，维护人们的社会等级关系地位。

宗法制度和礼乐文化的创建形成，确立了西周社会的政治道德原则，它将人们纳入了上下一统的尊卑有分、贵贱有等、长幼有序、轻重有别的社会存在关系之中。为了维护这一社会结构的巩固和运行，周政权依据人们的尊卑有分的地位关系，进行了制礼作乐的文化建构，确定了人们的社会职能和行为规范。

周代制礼作乐的文化建构，其内容主要有：畿服之制，规定了周朝中央与地方政权的等级关系；爵位之制，规定了贵族之间的等级关系；田赋之制，确定了西周的经济制度；礼仪之制，规范了人们的日常行为准则。礼乐制度的形成，不仅对人们的社会职能进行了严格的等级规定，而且对人们的行为准则进行了严格的规范。无论是在为国尽职的社会政治职能上，还是在祭祀、婚丧、服饰、宫室等生活行为上，不同的社会地位关系，皆有不同的等级规范准则，都贯穿体现了尊卑有分、贵贱有等的政治道德原则。礼乐文化制度的确立，是对人的存在的行为方式的主动设制，周代统治者智慧地运用了宗法制度和礼乐文化的尊卑有分的政治道德原则，明贵贱，辨等列，顺少长，维护了西周政权的巩固，推进了中国早期社会和谐有序的发展。

3. 推行慈孝友恭的伦理道德规范，规正人们的社会行为准则。

推行慈孝友恭的伦理道德规范，是周统治者德治思想的重要内容，它的目的在于维护宗法社会的和谐运行。由于西周初年天命神学的观念意识影响着人们对于社会的认识和行为，周政权的德治思想并没能完全超越天命神学的束缚制约，依旧运用天命神学的观念意识来论证并规正由现实社会体制所决定的人的伦理道德规范的至上合理性和神圣权威性。在周初执政者看来，父慈、子孝、兄友、弟恭等伦理道德规范，是上天对人们行为准则的合理规范，它具有不可违背的天赋神圣性和至上公正性。亦即人道来源于天道，天道决定了人道。周政权推行慈孝友恭的伦理道德规范，在于将人们的行为纳入统一的准则之内，人们只有绝对地遵循这些天赋的道德规范，规正自身的社会行为，才是合乎上天的意旨。不遵守慈孝友恭的天赋道德规范，就要受到代天行道的统治者"刑兹无赦"的严厉惩罚。

4. 实施敬德保民的政治统治策略，保证政权稳固与发展。

敬德保民的统治策略，是周代统治者德治思想的集中体现。作为社会政治和文化思想更新递进的时代精华，它的形成和实施，具体展示了周政权对于人的存在意义的积极追求。

周代以德治国思想与主张以周公为代表。他主张执政者治理百姓，应该恭敬谨慎，具有"徽柔懿恭、怀抱小民、惠鲜鳏寡"[①]的仁德意识，在为政中要以慈仁宽厚、惠和恭义的道德来规范自身的行为。统治者要能够了解民众的困苦，保证民众的基本生存。周公指出："我有周既受。我不敢知曰：厥基永孚于休。若天棐忱，我亦不敢知曰：其终出于不祥。"[②]周公明智地意识到，天命的转移并不以统治者的意志为根据，而以是否合于民心为尺度。他说："弗永念天威越我民；罔尤违，惟人。"[③]如想稳固政权，执政者就要"克敬德，明我俊民"[④]，"王其德之用，祈天永命"[⑤]。由于民心向背决定政权的兴亡，所以执政者只有不贪图享乐，"往尽乃心，无康好逸豫，乃其乂民"[⑥]。故周公称赞商王祖甲"爰知小人之依，能保惠于庶民，不敢侮鳏寡"，告诫成王要"先知稼穑之艰难，乃逸，则知小人之依"，要求为政要"无淫于观、于逸、于游、于田"，不要过分贪图安逸享乐，而要学"殷王中宗，严恭寅畏，天命自度，治民祗惧，不敢荒宁"；要学"文王卑服，即康功田功"，与民众打成一片；对于臣民不可横征暴敛，而要

① 《尚书·无逸》。
② 《尚书·君奭》。
③ 《尚书·君奭》。
④ 《尚书·君奭》。
⑤ 《尚书·召诰》。
⑥ 《尚书·康诰》。

减轻贡赋负担，"以庶邦惟正之供"①；只有勤于政事，体恤民情，才能拥有天命政权。更重要的是，官吏的选用，也要以是否有德为标准。尽管西周的宗法制度有着世禄世职的规定，但周公仍然指出要选用有德之人。周公在总结历史经验与教训中认识到，桀、纣政权的覆灭，在于他们的统治集团多无德之吏，不能为政以德，"不可明保享于民，乃胥惟虐于民，至于百为，大不克开"②，因而"是惟暴德，罔后"③。而文王之所以能够创立灭殷根基，就在于"文王惟克厥宅心，乃克立兹常事司牧人，以克俊有德"④，所以散宜生、姜太公等一大批贤臣能够以德辅助周王朝的创建。因此，周公指出，从今以后，继位君王设立官员，必须任用贤能善良的人，"继自今后王立政，其惟克用常人"，凡是"克俊有德"的贵族贤明之人，都要"用励相我国家"⑤。以德治国，统治者还要实施明德慎罚的策略。周公多次指出，文王之所以能够拥有天命，就在于他实行了"明德慎罚"的统治策略。周公强调，执政者要加强自身的道德修养，"王敬作，所不可不敬德"⑥；要多学习多思

---

① 《尚书·无逸》。
② 《尚书·多方》。
③ 《尚书·立政》。
④ 《尚书·立政》。
⑤ 《尚书·立政》。
⑥ 《尚书·召诰》。

考，"惟圣罔念作狂，惟狂克念作圣"①，只有修养道德，有德于民，才能巩固政权。只有推行德教，民众才能认识到自身的行为规范，遵守伦理道德准则，社会才能和谐有序地运行发展。唯有明德慎罚、恩威并施、宽严并济的重德策略，民众才能服从管理，自觉规范自身的行为，国家才会得以稳固发展。

周政权德治思想及其实践，开启了中国政治以德治国的先河，开启了中国文化对于人的存在的自觉认识历程，表明了周朝统治者在对天、人、德、政的关系认识中，发现与运用了人的存在的道德特征，认识到了人的道德存在在国家政权兴衰存亡中的重要作用。

周政中的德治思想，在中国政治和文化的发展史上具有十分重要的价值。它推进了中国传统社会和文化的道德精神特征的形成，促成了中国政治体制与道德规范的融汇合一，构筑了中国社会的政治与伦理相结合的治理范式，形成了天下一家、社会一统的结构特征，这对于中华民族的融合和发展，无疑产生了深远的凝聚向心作用。②

---

① 《尚书·多方》。
② 参见孙聚友：《论周公的德治思想及其文化价值》，《天津社会科学》1997年第6期。

第四章　推进大一统

——春秋战国时代的整合序曲

《吕氏春秋》是春秋战国时代最后的文化成就，也是即将进入新时代的重要文化标志。从《吕氏春秋》一书来看，吕不韦不愧是一位具有战略眼光的政治家。他不为诸子门户所囿，从政治需要出发，择可用者而用之，不可用者而弃之，试图通过理论改造与创新来改变秦国一味尊法的治国路线。于是，他组织与汇集各方面的人才，编纂与写作《吕氏春秋》，这部百科全书式的著作的意图应该说十分明确、很有见地，有利于秦的统一，对秦统一后的建国方略更具有指导性的意义。秦始皇虽然雄才大略，但为法家理论所囿，缺乏吕不韦兼收并蓄的肚量，结果把治术推向了极端。他如果能够采纳《吕氏春秋》中的一些政治主张或见解，秦祚或许不至于那么快就短命而亡！秦汉以后的统治者尽管名义上尊崇儒家，但在实际上走的是吕不韦的道路。

第一节 稷下学宫的思想交融与争鸣

稷下学宫是齐桓公在齐国都城临淄设立的一个集学术研究、教育和政治咨询为一体的类似于今天社会科学院性质的官方机构。它由官方提供物质条件（场所、生活费用等），学者们自己管理，自由学习、讨论、研究，甚至来去自由，真正实现了一种思想言论的自由，使这里成为当时华夏学术文化和思想交流的中心，在春秋战国的历史上产生了巨大的影响。

稷下学宫创办于公元前 4 世纪中叶，延续了 130 多年。

著名学者余秋雨认为："稷下学宫以极高的礼遇召集各地人才，让他们自由地发展学派，平等地参与争鸣，造成了学术思想的一片繁荣。结果，它就远不止是齐国的智库了，而是成了当时最大规模的中华精神会聚处、最高等级的文化哲学交流地。"正是因为稷下学宫，"中华文化全面升值"。"进入了世界文明史上极少数最优秀的文化之列。"[①]

齐国政府所以创办稷下学宫，原本是出于招徕天下贤士以增强其国力的政治目的，但局面一旦形成，其政治与文化的意义便远远超越了创办者目的本身。它使曾经活跃在历史上原始民主精

---

① 余秋雨著：《中国文脉》，岳麓书社2013年版，第146页。

神和阔达好议之风得到弘扬，为百家争鸣创造了良好的社会环境。这样一个由国家举办的、持续百年以上的大型"学术机构"，其规模、成就、影响，不仅为古代中国所仅有，在世界古代史上也堪称独步。①

稷下学宫的设立是在列国争霸与兼并战争之时，当时各国为了富强图存，礼贤下士，吸引人才蔚成风气。齐国久有尚贤传统，这时也不甘落后，便设学宫以吸引天下学者，"自如淳于髡以下，皆命曰列大夫，为开第康庄之衢，高门大屋，尊宠之。览天下诸侯宾客，言齐能致天下贤士也"。②也就是说，齐国主观上是招揽贤才，为我所用。然而由于齐的开放的文化传统和开明的文化政策，客观上又在稷下造成了一个不受官方控制的思想自由，学术上不拘一格、兼容并包，各家可以充分发展的独特环境。稷下学宫存在约150余年，并与齐国政治盛衰相对应，大约经历了三个阶段：齐桓公和齐威王时期是第一阶段；齐宣王和齐闵王时期为第二阶段，是稷下学宫鼎盛和由盛入衰的转折点。司马迁说："宣王喜文学游说之士，自如驺衍、淳于髡、田骈、接予、慎到、环

---

① 参见郭沫若：《十批判书·稷下黄老学派的批判》，东方出版社1996年版，第158页；周斌：《文化中心由曲阜到临淄的转移》，《管子学刊》1989年第1期；白奚：《稷下学宫研究——中国古代的思想自由与百家争鸣》，生活·读书·新知三联书店1998年版；韩星著：《儒法整合——秦汉政治文化论》，中国社会科学出版社2005年版，第17—37页。

② 《史记·孟子荀卿列传》。

渊之徒七十六人，皆赐列第，为上大夫，不治而议论。是以齐稷下学士复盛，且数百千人。"[1] 闵王时稷下学士甚至达数万人。齐襄王和齐王建时为第三阶段，这是稷下学宫的衰亡期。随着齐亡，稷下学宫使命也宣告结束。

稷下学宫的突出特点是"百家争鸣"，先秦思想史上所谓"百家争鸣"的时代是与稷下时代相重叠的。稷下士人相聚一堂，挈徒属而演道术，穷事理而致诘难，促进了学术思想的分化和融合。其发展的趋势，大体是随着政治形势的需要，由黄老而转入名、法、儒、墨之学，前期（桓公—宣王）以道家与黄老为主体，后期（滑王—建王）以名、法为时尚。[2] 兼收并蓄，将长期以来的历史成果进行整合，主要集中在礼法、王霸、人治与法治等问题上面。

整合之一：儒法融合。

首先，应春秋战国形势发展的需要和生气勃勃的早期法家的影响，黄老之学与齐文化相结合，在战国中期以前逐渐形成了黄老之学，并在稷下学宫优越的自由争鸣和交融中发展、壮大，在战国中后期以至西汉初年广泛流行和参与汉初政治。郭沫若说："黄老之术，值得我们注意的，事实上是培植于齐，发育于齐，

---

① 《史记·田敬仲完世家》。

② 张柄楠：《稷下钩沉·序言》，上海古籍出版社1991年版。

而昌盛于齐的。"①王充说："黄者，黄帝也；老者，老子也。黄老之操，身中恬淡，其治无为，正身共己而阴阳自和，无心于为而物自化，无意于生而物自成。"②黄老学派奉黄帝及老子为宗，假托黄帝的名义，汲取《老子》哲学中"虚静"、物极必反等思想加以改造，形成一个重要思想流派，稷下学宫时期形成的代表著作主要有《黄帝四经》《尹文子》《管子》《慎子》等，其内容不外都是调和儒法道等家的内容，以期能成为王者争霸天下的指导理论。

《黄帝四经》核心是阴阳刑德思想，《尹文子》强调正名，《管子》重在融合各家，《慎子》则强调依法治国因时而变的重要性。

黄老学派从天道自然的高度论证：刑与德不是绝对排斥，而是相反相成、相得益彰，因而主张刑德对举、强调兼用，德先刑后、德主刑辅。

法治和德治两种治国方法的结合和兼用，是取法家之"要"，又采儒家之"善"——这是对儒法思想高度整合，开启了阳儒阴法的政治文化模式的理论建构。这是礼法结合、调和儒法的最初尝试。③这种思想为后来的汉代儒家所接受，成为中国政治文化模

---

① 郭沫若著：《十批判书·稷下黄老学派的批判》，东方出版社1996年版，第157页。

② 王充著：《论衡·自然》。

③ 白奚：《稷下学研究》，生活·读书·新知三联书店1998年版，第279页。

式中德主刑辅的先声。

不仅如此，黄老学派还认为，与刑德兼用密切相关的还有"文武并用"。有感于儒法之争的偏向，在作《黄帝四经》时，为未来统治者设计治国安邦之术，黄老学派提出行文武之道。他们认为，儒家重德轻力，趋向重文轻武；法家重力轻德，趋向重武轻文。都不适宜，应该调和二者，审行文武之道，文主武辅。唯有如此，才可以定天下，才可以安国家。

黄老学派这种对儒法进行高层次的整合，符合儒法思想发展的逻辑和先秦思想发展的趋势，当然也合乎社会历史发展要求。这种治国方略更主要的是为汉代文武兼治、德主刑辅、王霸道杂之的政治文化模式的构建做了理论上的有益探索与准备工作，对汉初的治国政策产生了深远的影响。

整合之二：王霸融合。

王霸之辩也是稷下学宫学术争鸣的话题之一。这个问题关涉到当时天下的统一与齐国的霸业。通过争鸣，王霸对立渐消，走向融合，行成霸王一体之论，把三代儒法治国理天下的方略、措施都涵盖在霸王之道下糅合到了一块，以适应战国中期以后日益趋向统一的形势，也迎合了齐国君主要做霸王之主的政治需要。

《管子》书中"霸""王"并提的相关词语很多，反映了作者们对这一问题的热衷探讨的情况。认真考察《管子》中的"王、霸"之言，不难发现，它们既不同于儒家的尊王贱霸，也不同于法家的崇霸贬王，而是把"王"和"霸"同等对待，只不过具体内涵不同而已。总的来说，《管子》是以齐法家为本位容纳儒家的，反映在"王、霸"说中就是多言"霸王"，综合霸道和王道且合成一个名词。另外，《管子》还提出了比"王、霸"更高的"帝"的概念。

《管子》中"王、霸"说首先对"王、霸"的含义作了不同于儒法的阐释。其典型的表述有："夫丰国之谓霸，兼正之国之谓王。"[1] "无为者帝，为而无以为者王，为而不贵者霸。"[2] "明一者皇，察道者帝，通德者王，谋得兵胜者霸。"[3] 其思路是以道统摄儒法，强调强国富兵，扩地增土，建立实力强大之国，成就王、霸、帝业。

《管子》对王、霸的具体内容有所阐发。《管子》认为，行王道则得民心，行霸政要靠武力，王霸之不同若此。"夫争天下者，必先争人。明大数者得人，审小计者失人。得天下之众者王，得半者霸。"[4] 仅从得民心角度来看，霸自然不如王，但在具体实践过程中，图霸图王还要因形势而异："强国众，合强以攻弱，以图霸；强国少，合小以攻大，以图王。强国众，而言王势者，愚

---

① 《管子·霸言》。
② 《管子·乘马》。
③ 《管子·兵法》。
④ 《管子·霸言》。

人之智也；强国少，而施霸道者，败事之谋也。夫神圣，视天下之形，知动静之时；视先后之称，知祸福之门。战国众，先举者危，后举者利；强国少，先举者王，后举者亡。战国众，后举可以霸；战国少，先举可以王。"① 这就是说，在强国林立时要合强攻弱，成为强中强，这就是能称霸，或面对战国争斗厮杀激烈时，先坐山观虎斗，最后一举战胜别国，便可以称霸。而称王则不同，在强国还少时，团结众小国家以攻大国而称王，或在列国争战尚不激烈时可先下手以称王。这分明是通过比较言春秋与战国的不同形势，来说明应采取称王或称霸的不同战略。

王霸的区别在军事上表现为："凡有天下者，以情伐者帝，以事伐者王，以政伐者霸。"② "情伐""事伐"和"政伐"类似于《孙子兵法》上说的"伐谋""伐交"和"攻城"。情伐就是攻心、谋攻。

"王、霸"的区别在经济上是："王者藏于民，霸者藏于大夫，残国亡家藏于箧。"③ 所谓"藏于民"即藏富于民，让老百姓富起来，民心稳定，社会安定，便是王者之业；而让一部分大夫聚积财富，形成贵族势力，便是霸者之业；而让财富都中饱私囊，

---

① 《管子·霸言》。
② 《管子·禁藏》。
③ 《管子·山至数》。

藏在自己的小箱子里，人人以自保为务，必然使国家走向衰败、灭亡。后来荀子受其影响也有类似的说法："王者富民，霸者富士，仅存之国富大夫，亡国者富筐箧，实府库。"① 这里王、霸的褒贬是很分明的，王比霸高，纯以刑杀必然很快灭亡。

整合之三：人治与法治融合。

《尹文子》说："仁、义、礼、乐、名、法、刑、赏，凡此八者，五帝、三王治世之术也。"② 这是典型将人治与法治进行整合的理论。

《尹文子》中有一段宋钘与田骈、彭蒙讨论人治、法治问题的记述，生动地反映了几位学者就这个问题在学术上的争鸣：

> 田子读书，曰："尧时太平。"宋子曰："圣人之治，以致此乎？"彭蒙在侧，越次答曰："圣法之治以至此，非圣人之治也。"宋子曰："圣人与圣法，何以异？"彭蒙曰："子之乱名甚矣。圣人者，自己出也；圣法者，自理出也。理出于己，己非理也。己能出理，理非己也。故圣人之治，独治者也；圣法之治，则无不治矣。此万物之利，唯圣人能该之。"宋子犹惑，质于田子。田子曰："蒙之言然。"

从这段有趣的记述中可以看出，齐国自威王变法后推行法治，

---

① 《荀子·王制》。
② 《尹文子·大道下》。

在稷下学者之间必然产生人治、法治之争，并且提高到"名、理"的层次。宋钘初来齐国，不甚懂得人治、法治的区别，仍坚持人治的观点，但田骈、彭蒙却持法治的观点，彭蒙指出法治优于人治的道理。文中"宋子犹惑"，说明宋钘并没有轻易地接受田、彭二人的意见，可见这个问题是一个不容易争辩清楚的问题，作者尹文也似乎"犹惑"①。

稷下人治与法治的争辩，还反映在德治与法治的争辩上。

早在齐威王即位之初，淳于髡便以隐语向齐相邹忌提出"修法律而督奸吏"的治国方针。②其后，慎到则进而提出倚势明法论："贤而屈于不肖者，权轻也；不肖而服于贤者，位尊也。尧为匹夫，不能使其邻家；至南面而王，则令行禁止，由此观之，贤不足以服不肖，而势位足以屈贤矣。"③"为人君者，不多听。据法倚数，以观得失。无法之言，不听于耳；无法之劳，不图于功；无劳之亲，不任于官。官不私亲，法不遗爱，上下无事，唯法所在。"④慎到强调国君要依靠国家权力依法实行统治。孟子以其性善论为思想基础，提出"以德行仁"的仁攻德治理论：由于人性本善，天生

<hr />

① 参引韩星著：《儒法整合——秦汉政治文化论》，中国社会科学出版社2005年版，第17—37页。

② 《史记·田敬仲完世家》。

③ 《慎子·威德》。

④ 《慎子·君臣》。

就具有仁、义、礼、智四端，故以此施政，就必须按照"老吾老，以及人之老；幼吾幼，以及人之幼"①的忠恕之道，推己及人，行仁政于天下。荀子则从性恶论出发，提出隆礼崇法，"化性而起伪"②的治国主张。

这里应当指出，荀子是春秋战国百家争鸣结束时一位调和各家、整合三代、对前秦诸子批判继承的集大成的人物。

郭沫若说："荀子是先秦诸子中最后一位大师，他不仅集了儒家的大成，而且可以说是集了百家的大成的。"③

西方学者美国夏威夷大学中国研究中心教授安乐哲说："荀子确实是一个重要的转折性的思想家，他将墨子的思想儒家化，将兵法思想儒家化，他熟悉百家思想，加以选择、分疏，他导致了先秦儒学与汉代儒学的转变。董仲舒很赞赏荀子，认为荀子是非常重要的。"④

荀子涉猎广泛，学说渊博，兼综儒、道、墨、法、名，构建起了博大精深的思想体系，对秦汉，乃至其后两千年的中国封建社会的政治文化影响深巨。所以能有这样的成就，与荀子曾在稷下有着直接关系。荀子久居齐国，曾在稷下"三为祭酒"，熟悉

---

① 《孟子·梁惠王上》。

② 《荀子·性恶》。

③ 郭沫若著：《十批判书·荀子批判》，东方出版社1996年版，第218页。

④ 胡治洪著：《儒哲新思》，中华书局2009年版，第341页。

稷下各家之学，也有了百家争鸣、学术交融的思想自由的宝贵经历，这为他批判总结先秦学术思想、构建自己庞大思想体系提供了良好的条件。

荀子的思想体系博大精深，然而其核心内容则不外"隆礼重法"四字。

作为儒家代表人物之一，荀子强化周公和孔子重礼乐的传统，注重规范和制度，主张"礼治"，强调礼在治国安邦中的重要作用，并对儒家礼治的思想做了比较系统的发挥。他说："礼者，治之始也。"① "隆礼贵义者，其国治；简礼贱义者，其国乱。"② "礼者，治辨之极也，强国之本也，威行之道也，历名之总也。王公由之所以得天下，不由所以陨社稷也。"③ 从而把周公、孔子的礼治思想进一步发扬光大，成为其治国思想体系的核心观念。

与此同时，荀子也吸收了前期法家的理论成果，援法入礼，充实了传统礼学，克服了儒家之礼与法家之法的对立，使两者在政治和法律层面交融互摄。他认为，礼是法的纲领。"礼者，法之大分，类之纲纪。"④ "故非礼，是无法也。"⑤ 所以他也非常

① 《荀子·礼论》。
② 《荀子·议兵》。
③ 《荀子·议兵》。
④ 《荀子·劝学》。
⑤ 《荀子·修身》。

重视法的作用："法者，治之端也。""至道大形：隆礼重法则国有常。"① 进而，他主张礼法并用："古者圣王以人之性恶，以为偏险而不正，悖乱而不治，是以为之起礼义、制法度，以矫饰人之情性而正之，以扰化人之情性而导之也。使皆出于治，合于道者也。"② 荀子继续说："治之经，礼与刑，君子以修百姓宁。明德慎罚，国家既治，四海平。"③

　　荀子的礼法并用理论以及人治与法治相结合的主张，体现了他的综合治理的治国理想。他把思想的触角伸向了儒法思想的源头——西周礼乐文化传统之中，是继孔子之后较全面地重构政治文化模式的又一理论大师。荀子对礼法德刑的重构是在经过了春秋战国学术分化、百家争鸣、学派交融之后，因此而具有集大成的优势。荀子礼法德刑重构正是儒法结合、阳儒阴法的集中体现，这一政治文化模式的理论设计，被他的学生韩非与李斯分别发挥与实践，从而构架起了秦王朝中央集权的大一统治国之道。经过汉代儒家的进一步发挥，为汉代统治者应用，成为汉代，乃至此后中国传统社会长期采用的政治文化模式。④

---

① 《荀子·君道》。

② 《荀子·性恶》。

③ 《荀子·成相》。

④ 参引韩星著：《儒法整合——秦汉政治文化论》，中国社会科学出版社2005年版，第50—55页。

夏曾佑在《论近代政教之原》一文中说：

> 考韩非、李斯，同事荀卿，斯学帝王之术于荀子，知六艺之归，于是相秦以王于天下；非虽遭谗死，不见用，然史称斯自以为不如非，则非亦为荀卿高弟可知，而始皇读其书，有与此人游死且不恨之叹，则非亦不可谓不遇矣。盖祖龙与韩非、李斯，相契如是之深也，是以秦人一代之政，即荀子一家之学。①

夏曾佑在《论八股存亡之关系》又说：

> 孟子言性善，荀子言性恶；孟子称尧舜，荀子法后王；孟子论孔子，推本于《春秋》，荀子言孔子，推本于《礼》，此其大端矣。若其小节，更仆难终。孟子既没，公孙丑、万章之徒，不克负荷，其道无传。荀子身虽不见用，而其弟子韩非、李斯等，大显于秦。秦人之政，一宗非、斯，汉人因之，遂有今日。汉世六经家法，强半为荀子所传，而传经诸老师，又多故秦博士，则其学必为荀子之学无疑。故先秦两汉皆兰陵之学，而非孔子之宗子也。②

---

① 《夏曾佑集》（上），上海古籍出版社2011年版，第31页。
② 《夏曾佑集》（上），上海古籍出版社2011年版，第33页。

谭嗣同也在其所著《仁学》中提出了"两千年来之学，荀学也"的观点。

综上可见，夏曾佑与谭嗣同的这些观点，都是对荀子政治文化理论的实用价值和历史地位的准确概括，揭示了中国传统政治的奥秘。[1]

第二节　《吕氏春秋》对百家的总结及政治设计

《吕氏春秋》是秦国统一六国前夕，相邦吕不韦集合门客花费巨资所作的一部重要著作，其目的在为秦国统一天下后如何进行治理做好理论上的准备。

吕不韦可谓是中国历史上一位传奇式的人物。他原本是阳翟巨商，往来贸易，家累千金。商业利润虽然丰厚，但这并不能满足他的胃口。秦昭王晚年，吕不韦结交了以质子身份居住在邯郸的秦国公子子楚。子楚是秦太子安国君之子，但是安国君有子二十余人，子楚的母亲早已失宠，因而地位低微，又因为秦赵两国长期频繁交战，不能得到赵国的礼遇。吕不韦细心观察形势，发现子楚是位可"居"而以待增值的"奇货"，于是利用安国君

---

[1]　谭嗣同著，蔡尚思、方行编：《谭嗣同全集》下册，中华书局1990年版，第337页。

所爱幸华阳夫人无子的机会，进行政治投机。他给予子楚五百金作为交游之用，又以五百金买奇物玩好献给华阳夫人，说服她同意确立子楚为继承人。

秦昭襄王去世后，安国君即位，子楚顺理成章成为太子。安国君即秦孝文王。他在位只一年就短命而死。子楚顺理成为秦王，即秦庄襄王。秦庄襄王元年，吕不韦被任命为相邦，多年的政治投资终于得到回报。三年后，秦庄襄王去世，出生在赵国的嬴政立为王。少年秦王尊称吕不韦为"仲父"。

应当说，秦实现统一，在吕不韦专权时大势已定。后来大一统的中央集权的秦王朝的建立，吕不韦是当之无愧的奠基者之一。秦国用人可以专信，如商鞅、张仪、魏冉、蔡泽、吕不韦、李斯等人，皆委国而听之不疑，而论其功业，吕不韦完全可以与商鞅并居前列。

吕不韦是中国历史上以个人财富影响国家历史进程的第一人。从这一角度认识当时的社会与经济，或可有所新知。吕不韦以富商身份参政，并取得非凡成功，就仕进程序来说，也独辟新径。秦政治文化实用主义的特征，与山东各国文化"迂远而阔于事情"[①]风格大异。而商人务实精神，正与此相契合。司马迁笔下巨商白圭自称"权变""决断"[②]类同"商鞅行法"，是发人深思的。吕

————————

① 《史记·孟子荀卿列传》。
② 《史记·货殖列传》。

不韦的出身，是他身后招致毁谤的原因之一。而这种由商从政的道路，虽然履行者罕迹，但对于国家政治文化风貌的影响，也许是有其特殊的价值。

吕不韦执掌秦国朝政时，魏国有信陵君，楚国有春申君，赵国有平原君，齐国有孟尝君，都以礼贤下士、大聚宾客闻名。吕不韦羞于秦虽强国，却不能形成同样的文化气氛，于是也招致天下之士，给予特殊的优遇。一时宾客云集门下，据说多达三千人，形成了一个实力雄厚的学术与智囊合一团体。

当时，各地学者游学成风，多有倡论学说，著书传布天下者。吕不韦让他的宾客人人著述自己的所见、所思及所倡，又综合整理为《八览》《六论》《十二纪》，共二十余万言，以为天地万物古今之事，都充备其中，号为《吕氏春秋》。

据说，书成之后，吕不韦曾经将之公布于咸阳市门，悬千金于其上，请列国诸侯游士宾客修正，号称有能增减一字者，给予千金奖励。可见这部书在当时的秦国已经占据了一种不容否定的文化权威的地位。

刘泽华说："《吕氏春秋》的编写不只是一部书的问题，而是一种文化政策的产物，这一层意义，应该说，更值得注意。"[1]

在《吕氏春秋》中，吕不韦不囿一家一派之成见，而是居高

---

[1] 刘泽华著：《中国政治思想史集》第1卷，人民出版社2008年版，第446页。

临下，看到各家各派之中都有利于君主统治的内容。他像百花中的蜜蜂，无花不采。他站在百家之上，用有益于统治这一标准去通百家。吕不韦没有取消任何一家的企图，也没有想用一家一派把其他家吃掉的打算。他对诸家之说采取了兼收并蓄的方针。但是，在对各家各派的选择上，吕不韦是有自己原则的，他对各家各派中走向极端的流派，一般是不选的。比如，对儒家的君臣父子伦理道德之论选取了，对儒家许多迂腐之论和繁缛之礼却弃而不选；对法家的通变、赏罚分明，依法行事的思想选进来了，但遗弃了轻罪重罚那一套；对道家的法自然的思想选取了不少，但对道家中以自然排斥社会的思想却弃而不取；对墨家的节葬、尚俭思想选取了，但对明鬼、非乐的思想却置之不顾。总之，他很有眼光。[1]

　　吕不韦杰出之处，不仅在他能广蓄人才，而且他很善于折中，能够汲取百家的长处，去粗取精，为我所用。班固将《吕氏春秋》一书列入"杂家"之中，又说，"杂家"的特点，是兼采合化儒家、墨家、名家、法家诸说，"知国体之有此，见王治之无不贯，此其所长也"[2]。《吕氏春秋》的确是"兼""合"以前各派学说编集而成的一部文化名著。司马迁记述《吕氏春秋》成书过程的特点时使用"集论"一语，可谓切中肯綮。

---

[1]　刘泽华著：《中国政治思想史集》第1卷，人民出版社2008年版，第447页。
[2]　《汉书·艺文志》。

汉代学者高诱为《吕氏春秋》作注,曾经评价说,这部书的基本宗旨,是以"道德"作为目标,以"无为"作为纲纪,儒学的说教只是被借用为形式。侯外庐先生在其《中国思想通史》第一卷中根据这样的说法分析说,吕书作者虽然包括有儒家学者在内,但此书是以道家学说为主体内容,以儒家学说为宣传形式,在吕不韦的主观上,比较是有意倚重于道家的。

《吕氏春秋·序意》中写道,有人问这部书中《十二纪》的思想要点,吕不韦回答道,黄帝教诲颛顼帝说,天好比宏大的圆规,地好比宏大的矩尺,效仿天地规矩之道,才可以施行成功的统治。所以说古来之清世,都是法天地而实现的。凡《十二纪》者,所以纪治乱存亡也。要调整天、地、人的关系使之和谐,要点在于无为而行。吕不韦的这段话,很可能是当时说明《吕氏春秋》中《十二纪》写作宗旨的序言,全书的著述意图,自然也可以因此得到体现。其中关于"治乱存亡","无为而行"的话,说明《吕氏春秋》中表现的文化方向,首先指在政治上要因道、法时、顺自然,是要营造一个接近道家理想的"清世"。

由于吕不韦政治生涯的终结,以致《吕氏春秋》中提出的一整套治国思想,实际上并没有来得及在国家治理中加以实践。

《吕氏春秋》全书一百六十篇,从形式上看,《十二纪》《八览》《六论》中的论文,都有定数,比较整齐。可以说,《吕氏春秋》对诸子学说的整合,在系统上是相当严密的。形式齐整,内容系统,是被称为"杂家"的《吕氏春秋》的一个重要特点。这部文化名著的另一个重要特点，是在这样的形式下，对于百家之学，并没有采取对分歧之说简单地加以齐合裁断的做法，而比较多地保存了各自明显的歧见。有些篇章的内容，不免相互矛盾。

《吕氏春秋》博采诸子之说的特点，应当与吕不韦往来各地、千里行商的个人经历有一定的关系。这样的人生阅历，或许可以使得见闻较为广博，眼光较为阔远，胸怀比较宽容，策略比较灵活。不过，《吕氏春秋》能够成为杂家集大成之作的更主要的原因，还在于为即将来临的"大一统"时代，在政治上提供理论依据，在文化形态提出涵容百家的要求。曾经领略过东方多种文化因素不同风采的吕不韦及其宾客们，敏锐地发现了这一文化进步的方向，明智地顺应了这一文化发展的趋势。

《吕氏春秋》这部书的重要文化价值，还突出表现在其实质，是在大一统的政治体制即将形成的时代，为推进这一历史进步所进行的一种文化准备。

在政治文化的总体构想方面，吕氏又是怎样为秦的最高统治者进行设计的呢？

"智"识应当"由公"，这是《吕氏春秋》提出的一个基本原则。《吕氏春秋·序意》说，如果出于私，则会使公智、公识、公意受到阻塞，导致灾祸。"私视"则导致"目盲"，"私听"则导致"耳聋"，"私虑"则导致"心狂"。三者都是出于私意而"智无由公"。智识不能以"公"为基点，则福庆日趋衰减，灾祸日趋隆大。《吕氏春秋·贵公》还提出了政治公平的主张："昔先圣王之治天下也，必先公。公则天下平矣。平得于公。""天下非一人之天下也，天下人之天下也。"

《吕氏春秋》接受了当时流行的重民思想，另外，对民性看法又接受了法家的性好利说。这两点是《吕氏春秋》倡导的治民政策的基础。

得民心而得天下，失民心而失天下，这是《吕氏春秋》许多篇中反复论述的一个基本思想。《顺民》说："先王先顺民心，故功名成。夫以德得民心以立大功名者，上世多有之矣。失民心，而立功名者，未之曾有也。"民众是力量的源泉，得民心，力量无穷；逆民心，势孤力单。汤武等圣王之所以成功，主要是由于得到民众的支持。《用民》说："汤武非徒能用其民也，又能用非己之民。能用非己之民，国虽小，卒虽少，功名犹可立。古昔多由布衣定一世者矣，皆能用非其有也。"历史上败亡之主之所以败，其根本原因在于失民。失去民心，即使拥有物质力量，这种力量也会变为死的东西，不能发挥应有的作用。《似顺论》以陈败为例说道："夫陈小国也，而蓄积多，赋敛重也，则民怨上矣。城郭高，沟洫深，则民力罢矣。兴兵伐之，陈可取也。"物质力量由于没有主动的积极的主体，变成了一堆无用之物，反而为自己的灭亡准备了条件。

如何才能顺民心，得民心？这涉及如何看待民情、民欲问题。

《吕氏春秋》认为，人的生理需求和追逐物质利益是人们的共同情欲。《情欲》说："耳之欲五声，目之欲五色，口之欲五味，情也。此三者，贵贱愚智贤不肖，欲之若一。虽神农、黄帝，其与桀、纣同。"《精谕》说："同恶同好，志皆有欲，虽为天子，弗能离矣。"《审为》篇把人们之所以勇于"危身、伤生、刈颈、断头"等行为，都归因于"徇利"。《离谓》把问题说得更明快："凡事人，以为利也；死不利，故不死。"人的这些情欲是天生的、不可更改的。《诚廉》说："性也者，反受于天也，非择取而为之也。"因此，治民之道的纲是顺民性、从民欲。《用民》说："用民有纪有纲，一引其纪，万目皆起；一引其纲，万目皆张。为民纪纲者何也？欲也、恶也，何欲何恶？欲荣利，恶辱害。辱害所以为罚，充也；荣利所以为赏，实也。赏罚皆有充实，则民无不用矣。"《贵当》篇对问题的论述尤为别致："治物者不于物，于人；治人者不于事，于君……治天子者不于天子，于欲；治欲者不于欲，于性。性者，万物之本也，不可长，不可短，因其固然而然之，此天地之数也。"《为欲》篇曰："圣王执一，四夷皆至者，其此之谓也。执一者，至贵也，至贵者无敌。"其中所谓"执一"，即顺从情欲。《功名》说："民无常处，见利之聚，无之去。欲为天子，民之所走，不可不察。"《诀郁》篇还指出，民欲不能通达，百害并起，文中曰："民欲不达，此国之郁也。国郁处久，则百恶并起，而万灾丛至矣。"人的欲望是多方面的，因此要从多方面利用。善于利用，众为我用；用之不当，人物两失。《为欲》说："人之欲虽多，而上无以令之，人虽得其欲，人犹不可用也。令人得欲之道，不可不审矣。善为上者，能令人得欲无穷，故人之可得用亦无穷也。"在作者看来，最难对付的是无欲望者。"使民无欲，上虽贤，犹不能用。……故人之欲多者，其可得用亦多；人之欲少者，其得用亦少；无欲者，不可得用也。"

为了顺从民欲、民情，《吕氏春秋》的作者提出君主要有爱民之心，实行德政。《精通》说："圣人南面而立，以爱利民为心。"《适威》说："古之君民者，仁义以治之，爱利以安之，忠信以导之，务除其灾，思致其福。故民之于上也，若玺之于涂（印泥）也，抑之以方则方，抑之以圜则圜。"《爱士》说："行德爱人则民亲其上，民亲其上，则皆乐为其君死矣。"《上德》说："为天下及国，莫如以德，莫如行义。以德以义，不赏而民劝，不罚而邪止，此神农黄帝之政也。"

先秦诸子和政治家广泛讨论过如何对待民的问题，法家的主流派主张弱民、胜民；儒家主张爱民、利民。《吕氏春秋》在这个问题上显然倾向于儒家。秦国自商鞅之后奉行法家的主张，在政治上实行弱民、胜民政策。《吕氏春秋》上述理论是对秦传统治国政策的纠偏。①

---

① 刘泽华著：《中国政治思想史集》第1卷，人民出版社2008年版，第455—456页。

《吕氏春秋》强调，施政要依照十二月令行事。而十二月令，实际上是长期农耕生活经验的总结。《吕氏春秋·上农》强调治国应当以农业为重，指出，古代的圣王之所以能够领导民众，首先在于对农耕经济的特殊重视。民众务农不仅在于可以收获地利，而更值得重视的，还在于有益于端正民心民志。《吕氏春秋》提出了后世长期遵循的重农原则，特别强调其意义不仅限于经济方面，还有可以"贵其志"，即发生精神文化方面的作用。

《吕氏春秋》从三个方面说到推行重农政策的目的：

（一）"民农则朴，朴则易用，易用则边境安，主位尊。"

（二）"民农则重，重则少私义，少私义则公法立，力专一。"

（三）"民农则其产复，其产复则重徙，重徙则死处而无二虑。"①

这就是说，民众致力于农耕，则朴实而易于驱使，谨慎而遵从国法，积累私产而不愿意流徙。很显然，特别是其中前两条，"民农则朴，朴则易用"以及"民农则重，重则少私义"的内涵，其实都可以从政治文化的角度来加以理解。这样的思想，对于后来历代统治者有长久的影响。

此外，《吕氏春秋》又有《任地》《辨土》《审时》三篇，都是专门总结具体的农业技术的。《汉书·艺文志》称"农家者流"

---

① 《吕氏春秋·士容论·上农》。

计有九家，班固以为其中"《神农》二十篇"和"《野老》十七篇"成书在"六国时"。然而这两种农书至今已经无存。因而《吕氏春秋》中有关农业的这些重要篇章，成为秦以前极其可贵的农史文献资料。《吕氏春秋》有关农业的内容，不仅体现了一种重视农耕的政策传统，还体现了一种重视发展经济以及讲究实用的文化传统。①

还有，君主问题是进行政治统治中的一个根本问题，也是当时国家问题的核心。君、臣应该具备什么样的品质和条件，以及如何处理两者之间的关系，这会影响政权能否稳固，又涉及国家的兴亡。《吕氏春秋》许多篇从不同角度讨论了这个问题。在论述中，历史的回顾和现实的希望与要求是交融在一起的。

研讨历史是为了说明现实；讨论君主的产生和本质，是为了给现实的君主进行理论规定。《吕氏春秋》的作者们共同认为，周天子已被历史淘汰，眼前的状态是群龙无首，争战不已。历史要求一位新天子君临天下。《谨听》说："今周室既灭，而天子已绝，乱莫大于无天子。"《观世》也说："今周室既灭，天子既废。乱莫大于无天子，无天子则强者胜弱，众者暴寡，以兵相刬，不得休息，而佞进。今之世当之矣。"历史迫切需要一位新

---

① 参引齐涛主编，王之今著：《中国政治通史——走向大一统的秦汉政治》，泰山出版社2003年版，第41—47页。

天子，那么新一代的天子应该具有怎样的品质呢？他们根据历史的经验和当时的情况，提出了如下理论规定：

第一，天子必须是法自然和与自然取得和谐的模范，并统领天下民众沿着这一条道路走，只有这样的人才可谓之天子。

第二，在与民的关系上，天子必须顺从民意。《顺民》说："凡举事必先审民心，然后可举。"《爱类》说："仁人之于民也，可以便之，无不行也。"如果民意与君主私欲发生矛盾时，必须放弃君主私欲而从民意，《行论》说："执民之命，重任也。不得以快志为故（事）。"

第三，在公私关系上，天子必须贵公而抑私。《贵公》说："昔先圣王之治天下也，必先公，公则天下平矣。平得于公。"春秋以降，国家观念有了飞快的发展，君主与国家并不完全是一回事，国家之事为公，除此之外都为私，包括君主个人的事在内。为此要求君主崇公抑私。

第四，由以上规定必然引出如下结论："天下，非一人之天下也，天下人之天下也。"[1]"置君非以阿君也，置天子非以阿天子也，置官长非以阿官长也。"[2]类似这种提法慎到早就说过，道家也有过论述。但把问题说得这样清楚，在先秦诸子中，《吕氏春秋》

---

[1]　《吕氏春秋·孟春纪·贵公》。

[2]　《吕氏春秋·恃君览·恃君》。

显然堪称第一家。视天下为天子私物是当时流行的观念，吕不韦支持作者向这种观念发起挑战，不能不说具有特别重要的意义。他显然是在教诫秦王政如何成为天下一统后一位合格的新天子！①

总之，《吕氏春秋》是春秋战国百家争鸣时代最后的文化成就，同时作为文化是即将进入新的时代的重要的文化标志，可以看作一座文化进程的里程碑。《吕氏春秋》中的文化倾向，对秦汉帝国的政治治理有着重要的影响。从《吕氏春秋》一书来看，吕不韦不愧是一位具有战略眼光的政治家。他不为诸子门户之见所囿，而是高居其上，从政治需要出发，择可用者而用之，不可用者而弃之。作为一种学说或一个思想家，常常受自己信仰的理论逻辑所限，囿于一见。这对思想家来说，既是缺陷，但又是优点和长处。因为在许多情况下，非如此，不能把一种思想彻底澄清并坚持下来，但作为关乎国计民生的政治家就不能机械地沿着思想家们的设计去行事，他必须根据现实的需要而有所选择。先秦诸子相互之间争论炽热，水火不容，其实他们中的绝大多数都是为了给君主献策献计。吕不韦清醒地看到了这一点，所以超出派别门户之见，敢于博采众议。秦汉以后的封建统治者尽管名义上尊崇儒家，但实际上走的是吕不韦的道路。就当时秦国的实际情况看，吕不韦

---

① 刘泽华著：《中国政治思想史集》第1卷，人民出版社2008年版，第451—453页。

企图通过编辑和公布《吕氏春秋》，改变秦国一味尊法的治国路线。这个意图应该说是很有见地的，有利于秦的统一，对秦统一后的建国方略更为重要。秦始皇虽然雄才大略，但为法家理论所囿，缺乏吕不韦兼收并畜的肚量，结果把治术推向了极端。他如果能够采纳《吕氏春秋》中一些见解，秦祚或许不至于那么短命而亡！[①]

---

① 刘泽华著：《中国政治思想史集》第1卷，人民出版社2008年版，第460页。

第五章　大一统政治的完全确立

——秦帝国的建立与中央集权格局的彻底定型

秦始皇汲取周王朝衰亡的经验教训，废分封，建郡县，主张中央政府实行绝对的集权，国家大事最终由皇帝一人说了算。这种做法，对于一个分裂了五百年才又重新统一起来的国家而言，是有十分重大意义的。不管怎样说，秦始皇对中华帝国一系列制度的草创，不仅继往，而且开来。两千年来，不管后来的政治家如何评价他，但都得遵循他所开创的政治制度和政治模式。他所开创的中央集权式新的大一统模式，彻底奠定了中国传统政治的基础。

第一节　横扫六合

秦王嬴政亲政之初，六国皆弱而秦独强，天下一统已经呈现出几乎不可逆转之势。

只要秦国的政治、军事、外交的重大方略不出现失误，只要各国得不到休养生息、重振旗鼓的机会，只要六国不能结成同心协力的抗秦联盟，就必然会被秦国一一吞掉。

战国七雄的兼并战争就要进入尾声。

不过，历史上有太多的教训启迪人们：优势并不等于胜势，胜势并不等于胜利，胜利并不等于成功。

在中国历史上，国与国之间，军队与军队之间，以少胜多、以弱胜强、反败为胜、化弱为强的事例多不胜数。在一定条件下，众多弱国只要众志成城、团结一心，完全有可能共同战胜霸权。在秦之前，殷商亡于以西岐周人为首的"八百诸侯"；智伯亡于韩、赵、魏三家；夫差亡于勾践有例在先。在秦之后，西汉末年的昆阳之战，东汉末年的官渡之战、赤壁之战，东晋时期的淝水之战等等，都是弱者通过一战而扭转整个局面的著名范例。

秦王嬴政亲政之后，他的确手握胜算。然而，他的对手又皆非等闲之辈。秦国一着不慎就可能导致满盘皆输。要获得最后的成功，秦王还必须运用智慧，进行充分的"庙算"与准备。

1. 修明内政。

中国历来有"七分政治，三分军事"的说法。统一战争的胜利之本在于成功的政治制度和政治策略。

在内政方面，秦王嬴政首先贯彻既定的各项法律制度和勋爵制度，做到了令行禁止，赏罚分明。

他从谏如流，采纳李斯的建议而废止逐客令，听从茅焦的诤谏而改善与太后的关系，落实尉缭的意见而对占领地实行安抚政策，同时又减轻了对嫪毐、吕不韦仆从的处罚，令一些流放者回归。嬴政的这些积极政策，在一定程度上缓和了统治集团内部的矛盾，改善了秦国的政治形象。另外，秦王嬴政竭力勤政。他重视各种利国利民的基础建设，兴修水利，发展生产，致力安定民生、富国强兵。

历史表明，在统一战争期间，秦国内部的君臣、君民关系基本上是融洽的。内政修明，这是秦国统一战争所以能够取得最后胜利的保障。

2. 战略正确。

在军事战略上，秦王嬴政在谋臣们的帮助下制定了由近及远、中间突破，先灭韩亡魏，拦腰斩断南北之间的联系，然后南灭强楚，北扫燕国，最后再灭亡齐国的战略方针。

在正式发动统一战争之前，秦王嬴政派遣大军大举进攻三晋，通过占领韩魏城池，将国土推到了齐国的边境，完成了中央突破、分割南北，切断六国"合纵"之脊的战略任务。

具体而言：

在统一战争的第一阶段，秦军的主要战略目的是灭亡韩、魏。韩、魏地处中原，临近秦国，本着由近及远的战略构思，从吞并韩、魏入手，自然是高明正确之策。

在统一战争的第二阶段，秦军以三晋为腹地，展开两翼进攻，向南：征服楚国，向北：攻灭燕、赵。

在东进、南征、北战的任务完成后，最后乘势将统一战争推进到最后一个阶段：大兵压境，争取不战而让齐国投降。

后来统一战争的进程，充分证明了秦王嬴政这一战略决策的英明。

1. 在敌国内部开辟第二战场。

在注重军事打击的同时，秦王嬴政也十分重视破坏敌国内部的君臣团结，运用外交、金钱等手段，从敌国内部进行分化、瓦解。据史料记载，尉缭向嬴政献策说："愿大王毋爱财物，赂其豪臣，以乱其谋，不过亡三十万金，则诸侯可尽。"[①] 嬴政从其计策，指派姚贾、顿弱等人专门负责这方面的工作。他们携带重金珠宝，贿赂诸侯，收买大臣，发展奸细，铲除对手。

这些手段主要包括：（1）用离间计破坏敌国的君臣关系，使

---

① 《史记·秦始皇本纪》。

其贤能之士得不到信任与重用；（2）用重金收买敌国的权臣、名士，让他们为了自己狭隘的私人利益去进谗言、害忠臣；（3）用行刺手段消灭那些坚决反对秦国统一战争的敌国内部的能臣猛将。

司马迁说：赢政"阴遣谋士赍持金玉以游说诸侯。诸侯名士可下以财者，厚以结之。不肯者，利剑刺之。离其君臣之计，秦王乃使其良将随其后"①。秦王赢政的这个谋略在统一六国的战争中发挥了重要的作用。例如，王翦强攻邯郸不下，秦国就改用反间计，促使赵王错杀良将李牧。秦国在大军压境的同时，用重金收买齐相后胜，最终让秦国兵不血刃地灭掉了齐国。

2. 致力连横、孤立对手。

在外交上，秦王赢政君臣继续贯彻破坏六国合纵的方针，运用外交手段破坏各国之间的邦交。东方六国最大的弱点在于各国之间存在着利益矛盾，难以齐心，而且目光短浅，意在苟安，容易分化。秦国正是抓住了这个弱点，以连横破合纵，或利诱，或威胁，屡屡得手。

3. 抓住时机，及时决战。

在经过七八年的战争之后，秦国统一天下的时机已经成熟，秦王赢政抓住时机，及时启动了统一战争。秦国君臣上下齐心，

---

① 《史记·李斯列传》。

决策果断，兵锋如风。他们调兵遣将如紧锣密鼓，行兵布阵如雷霆万钧，连年征战，马不停蹄，速战速决，夺地、拔城、虏王、灭国一个接着一个，没有一着缓棋，不给对手留下任何喘息的机会。

在秦王嬴政的指令下：

公元前 230 年，秦国灭韩，转年就会师攻赵；

公元前 228 年，秦国灭赵，转年就进军燕国；

公元前 226 年，在歼灭燕国的主力军后，转年就进攻楚国；

公元前 225 年，秦国战胜楚国后立即以得胜之师回兵灭魏；

公元前 224 年，秦王发兵 60 万与楚国决战，转年就灭亡楚国；

公元前 222 年，在平定江南后，立即发兵北上，消灭燕赵残余势力；

公元前 221 年，覆燕灭赵之师南下，齐国不战而降。

至此，自西周以来的分崩离析的分裂局面宣告结束，天下重新归一，大秦帝国诞生于世。不过，这还只是军事上、政治上的统一。天下人心并未归附秦国。大秦帝国的最高统治者能否做到让天下人归心，从内心中认可这个新统一的政权，这还需要时间与政策来考验。

第二节　为万世开基业

"秦王扫六合，虎视何雄哉！挥剑决浮云，诸侯尽西来。明断自天启，大略驾群才。"① 这是唐朝诗人李白称颂秦始皇对天下的统一。

经过多年的兼并战争，公元前 221 年，秦王嬴政终于实现了天下统一。作为这个帝国独一无二的主人，秦始皇又做了几件即使今人也没能够超越的大事。

皇帝制度的创立便是他的一大杰作。

一、统一战争的进程刚刚结束，嬴政就吩咐丞相和御史大夫等大臣重新议定新朝的各种名号。

秦王嬴政说：

以前韩王献来土地，奉上玉玺。请求做我大秦的藩臣，然而不久就撕毁了约定，和赵国、魏国合纵叛秦，我不得不兴兵诛伐，俘虏了韩王。寡人认为这样做是十分适当的。本来以为或许就可以不再打仗了。而赵王派他们的国相李牧来约盟，于是我们归还了赵国作为人质的王子。可是不久他们也背弃了盟约，占领了我国的太原。因此，我兴兵诛之，俘虏了赵王。赵公子嘉又自立为代王，我因此又举兵将他击灭。魏王起初到秦国来和谈，态度还比较好，但是后来又和韩国与赵国合谋，一同袭击我大秦。秦军予以坚决的反击，于是击破其国。楚王曾经献青阳以西的土地，然而不久也背弃合约，进攻我南都地方，我因此发兵进攻，俘虏

---

① 《唐诗鉴赏辞典·古风（秦王扫六合）》。

了楚王，平定了楚地。燕王昏乱，其太子丹策划阴谋，让荆轲做刺客，秦军攻燕，灭其国。齐王断绝了和大秦的外交往来，要发动变乱，秦军远征，俘虏了齐王，平定了齐地。寡人没有什么能耐，能够发动大兵诛灭暴乱，实在是有赖于先祖宗庙之灵的佑护，终于使得六王皆伏其罪，天下得以大定。

接着，嬴政转入正题："今名号不更，无以称成功，传后世，其议帝号。"[1]

秦王嬴政在这段话里，自称自己为"寡人"。而就在发表这番议论，群臣议定政体名号之后，则规定了最高执政者要用"朕"来自称。

臣下称君主，则用"陛下"的尊号。

"陛下"和"朕"作为政治称谓的出现，标志着中国政治史的演进，进入了一个崭新的历史阶段。

"陛下"和"朕"的称呼，后来在中国通行了2130多年。这一历史阶段，就是中国漫长的帝制时代。

"陛下"和"朕"这样的称呼，标志着对最高政治权力的崇拜达到了一个顶峰。皇帝制度的所有秩序，都建立在这种崇拜体现的奴性意识之上；秦王嬴政以为现在"天下大定"，而名号如果不变更的话，则无法标志成功，使他的帝王事业传之后世。

---

[1] 《史记·秦始皇本纪》。

根据秦王嬴政的意思，丞相王绾、御史大夫冯劫、廷尉李斯等人经过商议，很快上奏说：过去五帝时代，地方不过千里，在他们统治中心地带的外围，地方势力有的顺从，有的反抗，天子不能够完全控制。现今陛下兴正义之兵，诛灭各地顽贼，使天下得以平定，四海之内都归为秦地，法令终于实现一统，这是自上古以来从来没有的功业，"五帝"均望尘莫及。我们咨询了博士们，都说：古来有天皇，有地皇，有泰皇，泰皇地位最为尊贵。我们昧死上尊号，王称为"泰皇"，所宣布的政令，称为"制"，所颁发的文告，称为"诏"。

秦王嬴政大笔一挥：把"泰"字去掉，保留一个"皇"字，再采用上古"帝"位号，称作"皇帝"。

于是，秦王嬴政承袭"三皇""五帝"的传说，自称"始皇帝"。他又追尊其父秦庄襄王为"太上皇"。

嬴政说，我听说远古的时候有名号，没有谥称，中古的时候有名号，死后又以其行为表现确定谥称。这样做，其实导致儿子议论父亲，臣下议论君主，没有什么意义，应当废除。

秦王嬴政随即宣布："朕为始皇帝。后世以计数，二世三世至于万世，传之无穷。"[①]

中国，从此走进了帝制新时代。

---

① 《史记·秦始皇本纪》。

司马迁说:"始皇自以为功过五帝,地广三王,而羞与之侔。"

一个羞与三皇五帝相提并列的人,一个把自己的功业看得高于任何前人的人,他的志向与心胸,该是多么地阔大,这是何等的气概!

皇帝尊号与制度,无疑是秦始皇的一大创举,是他根据当时国人的心理做出的一个空前绝后的大创造。

莫秀瑞在他著的《大秦帝国》中说:"嬴政创造这一尊号,主观上可能只是为了满足他那迅速膨胀起来的极端自大欲望。客观上却是对长期以来潜藏于人们内心的一种美好愿望的巧妙利用。"

翻开中国的历史,满目可见人们对圣君明主的声声呼唤。这种呼唤就像人们祈求佛祖降福一样,充满了虔诚与由衷的神圣。

既然人们把三皇五帝视作统治者的美好化身,那么,秦始皇将这顶桂冠用法律的形式戴在了自己的头上后,他就为后世的君主们立下了一个高高的标杆:这就是理政能力、教化能力完美结合,是完美的道德与人格、人性与纯熟的治国能力集于一身的最高权力象征。

皇帝制度开两千年来中国封建专制制度之先河。

皇帝高踞塔顶,文武百官与天下百姓构成塔基和塔身。

皇帝操纵中央政府,地方政府又必须服从中央政府。

从秦始皇开始,三王时期的分封制度,开始逐渐被郡县制所替代,从此进入了中国历史的博物馆。

秦王朝的统治虽未能长久,但是,秦始皇创制的若干重要制度,特别是皇帝独尊的政治制度,却对此后两千多年的中国历史的演进产生了重要而深刻的影响。

这是一个政治上的大智慧,这是大一统中国的雏形。至此以后,中国大势,虽然合合分分,分分合合,但统一与复兴始终成为中华民族历史的主流。

二、皇帝制度创立后,为了有效地管理国家,秦始皇汲取了战国时期设置官职的具体经验,建立了一套相当完整的与皇帝制度配套的中央集权制度和政权机构。

我们可以从官制入手,来看一下秦代国家机构设置的大致情况:

丞相分左、右,是中央政权机构的最高行政长官,协助皇帝处理全国政务。

太尉是中央的最高军事长官,协助皇帝处理全国军务。

御史大夫掌管监察工作,协助丞相处理政事。

丞相、太尉、御史大夫习称"三公"。"三公"之下设有"九卿",即:

奉常,负责宗庙礼仪。

郎中令,执掌宫廷戍卫大权,负责统辖皇帝的禁卫军工作。

卫尉,掌管宫门警卫。

太仆,负责皇帝使用的车马。

宗正，管理皇族事务。

典客，主管少数民族事务。

少府，负责山林池泽的税收和宫廷手工业，属于管理皇室私家财富的机构。

治粟内史，负责租税赋役和财政开支。

廷尉，掌管刑罚。

秦汉以降，人们常将秦代中央官制归纳为上述"三公九卿"。然而，事实上，在此之外，秦代还设置了一些比较重要的官职，比如博士，"掌通古今"，即通晓古今史事以备皇帝咨询，同时负责图书收藏。

典属国，与典客一样主管少数民族事务，不同的是典客掌管与秦友好的少数民族的交往，而典属国则负责已投降秦朝的少数民族。

詹事，管理皇后和太子的事务。

将作少府，负责宫殿建造。

秦王朝建立的这套中央集权的政权机构，一直被后来的历代王朝所承继。

特别值得指出的是，为了使秦王朝的军政大权能够操纵于一己之手，实现皇帝的个人独裁，同时又要让政府部门各司其职、各尽其能、有效地运作，以加强对国家的有效管理，秦始皇对如何集权、又如何分权，颇费了一番苦心。其中，他对相权、兵权以及司法权，进行了独到的处置。于此，最能看出秦始皇是怎样加强君主专制中央集权的。

丞相，秦时或称相邦、相国，他的职责是辅佐天子，助理万机，是皇帝以下最重要的官职，有百官之首之称。

秦国的丞相最早出现于公元前309年（秦武王二年）。在此之前，史籍中虽有"商鞅相秦"一类的记载，但此"相"并非官名，像商鞅担任的是"左庶长""大良造"。自武王任甘茂、樗里疾分别为左、右丞相以后，丞相才在秦国成为正式的官职。自设丞相以后，秦国的一些国君就将军国大事全部委于丞相，以致出现了像魏冉那样擅权的丞相。吕不韦为相国，也是总揽一切军政大权。所以，从一开始，君权与相权之间就既存在着互相依赖的一面，又存在着矛盾斗争的一面：皇帝要依靠丞相处理政务，但丞相又最容易侵犯和削弱君权。

这一点，秦国在初置丞相时就已意识到了，所以它设了左、右二相，其目的就是要分散相权，便于国君的控制。但是，以后的事实证明，以这种方法分散相权，并不能解决君权与相权之间的矛盾。对此，秦始皇认真总结了历史经验，决定进一步缩小相权。

1. 在统一后的秦王朝，丞相仅系文官之长，武事由"三公"之一的太尉掌管。太尉与丞相地位相等，同由皇帝颁予"金印紫绶"。

2. 以御史大夫分割相权。位列"三公"之一的御史大夫，原为秦国所无，系秦始皇参照六国官制在统一后所设。御史大夫地位低于丞相，但他掌监察，又参与处理朝政，对丞相的权力起到了一定的牵制作用。

3. 用博士侵削相权。秦王朝博士的地位和作用向来为人们所忽视。其实，博士在秦的政治生活中常发挥了重要的作用。这些类似于顾问和智囊的人物，经常活动在始皇帝的身边，发表各种议论。由于秦始皇特别迷信，所以对"通古今"的博士也就格外信赖。秦始皇二十六年"初并天下"，令朝臣议帝号时，丞相、御史大夫、廷尉"与博士议"①后才向上回奏。始皇三十四年"焚书"后，博士是唯一有权读禁书的人。所以，博士以其特殊的地位和放谈各色言论，影响秦始皇，影响朝政，从而在事实上构成了对相权的一种侵削。

秦始皇不仅在官制上制约相权，在平日里也对丞相存有戒心。有一次，秦始皇来到梁山宫，从山上见到李斯的车骑仪仗很是隆重，就表示不满之意。谁知道这话后来传到了李斯那里，李斯立刻削减车骑。当秦始皇再次见到李斯的车骑仪仗时，发觉已经减少了，马上意识到是有人向李斯泄露了自己说的话，就下令将当时在场的人全部处死。

秦王朝的兵权，理论上是交给太尉执掌的，然而事实上，秦的太尉形同虚设。据考核，秦代未发现有一人担任太尉之职，

---

① 《史记·秦始皇本纪》。

在重大军事行动中也从不见有太尉出场。秦始皇始终亲自控制着兵权。

此外，秦始皇又有意抬高廷尉的地位。廷尉为秦王朝最高司法官，深受法家思想影响的秦始皇，赋予廷尉很大的职权，以此威慑百官。如秦始皇二十六年，李斯身为廷尉就能同丞相王绾、御史大夫冯劫一起向秦始皇"上尊号"。由于地位显赫，所以后来当王绾提出分封皇子之议时，李斯就敢于站出来予以反驳。

秦王朝的"三公九卿"制，确立了传统中国政治制度中的一种分权原则。

中国传统政治体制的基本框架，就这样初步建立起来了。

现在有人将设丞相、太尉、御史大夫，喻为中国的"三权分立"，这种比喻十分形象、引人注目。不过要注意，这种分散的权力不是最后集中到了国家的手中，而是都集中到了皇帝一人的手中。分权是为了让百官公卿通过互相牵制，更好地服务于皇权，所以也就是为了更好地集权，这和西方的三权分立有着本质的区别。

秦始皇汲取了周朝衰亡的经验教训，主张皇帝与中央政府实行绝对的集权，国家大事最终由皇帝一人说了算。这种做法，对于一个分裂了五百年才又重新统一起来的国家，是有重要意义的。我们完全可以这样认为：秦始皇虽然没有留下什么风雅的篇章，但在皇帝理论以及中国传统的治国理念上，却可以称得上是一个前所未有的大政治家，属于开天辟地式的设计师角色。他对中华帝国制度的一系列的草创，不仅继往，而且开来。两千年来，不管后来的政治家如何评价他，但都得遵循他所开创的一系列的制度。在这一点上，说秦始皇是历代帝王的祖师爷，一点儿也不为过。

三、在地方管理问题上，秦始皇也较前人有所创制。

在刚刚统一六国、强化中央集权机构之后，对于辽阔的国土如何进行统治与管理，秦朝君臣展开了一场大的争论。

以丞相王绾为代表的一批大臣，认为关东诸侯各国刚刚消灭，地方不靖，燕、齐、楚又距秦王朝统治中心偏远，若不置王不利于统治。为此，他们请求秦始皇将其诸子封于燕、齐、楚等地为王，成为秦王朝的辅翼。

王绾的主张，实质上是沿袭西周以来"封亲建戚，以藩屏周"的制度。

但是，秦始皇却有着与众不同的想法。

秦国的历史告诉人们：在秦昭王初年，由于太后当权，大封宗室贵族和贵戚以及所宠爱的人。除了贵戚魏冉被封为穰侯外，还有昭王的同母弟公子市被封为泾阳君，公子悝被封为高陵君，宣太后的同父弟羋戎被封为华阳君和新城君，当时被合称为"四贵"，造成君权侵夺的局面。到了秦始皇初年，有王弟成蛟被封为长安君，嫪毐由于太后宠爱而被封为长信侯，除得山阳为封地外，"又以河西、太原郡更为毐国"。吕不韦被封为文信侯，食洛阳十万户。结果成蛟叛乱后，又发生嫪毐之乱，秦始皇自己差一点因此丧了性命。在除去嫪毐和吕不韦两大势力以后，秦始皇才亲自掌握政权。有感于分封制造成的弊端，他决定否定王绾的建议，不给无功的宗族贵族高级爵位，也不分封子弟为封君。

司马迁说："秦无尺土之封，不立子弟为王、功臣为诸侯者，使后无战攻之患。"①

但是，当时主张分封的势力相当大，许多大臣认为王绾的建议是可取的。于是，秦始皇便下令群臣专门就此问题进行讨论。

在议论中，廷尉李斯不同意分封，他说："周文武所封子弟同姓甚众，然后属疏远，相攻击如仇雠，诸侯更相诛伐，周天子弗能禁止。今海内赖陛下神灵一统，皆为郡县，诸子功臣以公赋税重赏赐之，甚足易制。天下无异意，则安宁之术也。置诸侯不便。"②

李斯从两个方面提出自己的反对意见：

第一，历史的教训。

周文王、周武王曾经大封子弟同姓，后来封国之间日渐疏远，以致相互攻伐如同寇仇，结果周天子也难以禁止。

---

① 《史记·李斯列传》。
② 《史记·秦始皇本纪》。

第二，现实的实际。如今海内统一后，已普遍设置郡县。对皇帝诸子及功臣，只要让他们坐食赋税并重加赏赐就足够了。这样天下无异也才是永久安宁之术。

据此两点，李斯坚决反对分封制，认为重新分封诸侯会削弱皇帝的权力，使国家重新处于四分五裂的混战局面。

秦始皇同意李斯的分析，认为过去天下苦苦争斗，战乱不休，就是因为天下有诸侯王的缘故，分封诸侯是战乱的根源。对此，唐代柳宗元曾经做过具体的分析。

柳宗元认为，在周武王得到全国政权以后，就把天下的土地瓜分开来，封给诸侯，根据封地的大小，分为公、侯、伯、子、男五等，建立了一大批的邦国君长。诸侯邦国真如天上的星星一样遍布各地。诸侯尊奉王室，团结在周天子周围，就像车轮运转时许多辐条都集中在轮子轴心一样。他们集合起来，就一起去朝见天子，或者自己聚集开会，分散开来，在自己的封国内就是保卫朝廷的守臣、大将。但是，下传到周夷王，他破坏了礼制，损害了天子的尊严，竟亲自下堂去迎接前来朝见的诸侯。直到周宣王时，凭着国势复兴和恢复周朝初年的德望，曾一度发挥了南征北伐的威力。尽管这样，周宣王到底还是无力决定鲁国君主的继承人选。后来衰落到周幽王、周平王时代，京都东迁，周朝已丧失了号召天下的威望，实际上它已经把自己降到和诸侯差不多的地位。此后，前来窥伺周朝的九鼎有多重的人有了，放箭射中周王肩膀的人有了，攻击并劫走周王使者凡伯和要挟周王杀死周大夫苌弘的事情也发生了。总之，天下已经反常，都不把天子当天子看待了。此时的周朝已失去统治诸侯的实际力量多时了，只不过在诸侯之上徒然保存一个空名罢了。这就是分封诸侯，以致诸侯太强大而无法指挥所酿成的恶果。尔后，周朝的政治权力就被鲁、齐、晋、秦、楚、宋、卫、陈、蔡、曹、郑、燕十二国所瓜分，到了战国又并成为秦、楚、齐、燕、韩、赵、魏七个强国。周王的权威已被韩、赵、魏、齐这些由陪臣篡夺的国家所分裂，周朝的天下终于被最后分封的秦国所覆灭。据此，柳宗元最后所得的结论是：周朝灭亡的起因，就在于分封诸侯。

秦始皇对历史上分封诸侯的过程以及所带来的恶果是了解的。他让群臣讨论本身即具有教育群臣的意思在内，所以当李斯旗帜鲜明地反对分封制时，秦始皇认为十分有理，他说：

> 天下共苦战斗不休，以有侯王。赖宗庙，天下初定。又复立国，是树兵也；而求其宁息，岂不难哉！廷尉议是。[①]

于是，在全国各地废除分封制，推行郡县制。主要表现在：

1. 县制的推行。

---

① 《史记·秦始皇本纪》。

县制在春秋初年已有，秦、晋、楚等大国往往在新兼并的地方设县，一般在国家边境，带有国防的性质。后来随着国境的扩大，国内也开始设县。有关设置的记载最早出现于楚武王时（公元前740—前689年）。秦国在武公时（公元前697—前677年）推行县制。秦武公十年（公元前688年）"伐邦。翼戎，初县之"①。十一年（公元前687年）"初县杜、郑"②。到了商鞅变法时，又两次改革县制。第一次在公元前355年，"并诸小乡聚集为大县"③，将未设县的地方建立县制，或将原来的县划小另行设县，全国设"四十一县"。第二次在公元前350年，"初聚小邑为三十一县"。即将原来的县加以调整、合并，缩小县的数量，扩大县的面积。到了秦始皇统一六国之后，县制建设在原有的基础上进一步完备并成为秦王朝法定的地方行政制度。

万户以上的大县设县令，万户以下的小县设县长。

县令是一县的最高长官，直接由国君任免。

县丞是县令的助理。

县尉管军事。

县司马管畜牧。

---

①　《史记·秦本纪》。

②　《史记·秦本纪》。

③　《史记·秦本纪》。

县啬夫管农业。

2. 郡制的推行。

公元前 221 年,秦统一六国后,即分天下为 36 郡。以后,随着边境的开发和郡治的调整,全国的郡数最多时曾达到 46 郡。

郡制的产生晚于县制,它原是县之外更加荒僻之区,组织较县简单,也不及县富庶。地位较县低,故赵简子誓师时说:"克敌者,上大夫受县,下大夫受郡。"[1]后来随着生产的发展,物产的丰富,人口的增多,经济的繁荣,一些地域辽阔的郡就被划分为若干县;而在内地,由于县的数量增多,为了加强和便于管理,也就把郡推行于内地,县的地位降在郡之下,从而形成郡县两级制。

郡制是秦国兼并战争的产物。如:公元前 324 年攻楚汉中,取地六百里,置汉中郡;公元前 316 年灭巴,设巴郡;公元前 279 年,秦伐义渠,设陇西郡;公元前 271 年,秦灭义渠,置北地郡;公元前 301 年,"司马错定蜀",置蜀郡;公元前 278 年占领郢都,置南郡;公元前 277 年,秦取楚国黔中,置黔中郡;公元前 273 年,秦取南阳,置南阳郡;公元前 248 年,攻赵,定太原,置太原郡;公元前 242 年,"伐魏取三十城,置东郡";公元前 230 年灭韩,置颖川郡;公元前 228 年灭赵,置邯郸郡;公元前 223 年灭楚,置长沙郡、九江郡;公元前 221 年灭齐后,置齐、琅琊、东海、

---

[1] 《左传·哀公二年》。

胶东、济北五郡；公元前226年灭燕后，置广阳、上谷、渔县、右北平、辽西等郡；公元前214年秦灭南越后，置南海、桂林、象郡；公元前214年，秦伐匈奴，在河套至包头一带置九原郡。可见，郡制的推行同秦国军事推进的步伐有着密切的关系，是秦国兼并战争的产物。郡县由开初多设置在边境地区，到后来在新占领的地方也均设置郡县，进而全面设置。在县制之后又设立郡制，从中央到地方的统治就又多了一个层次，这样使中央集权统治就更稳固了。

3. 乡、亭、里制度的推行。

县以下有乡、亭、里的设置，这是秦代重要的地方基层组织。

乡，是秦代地方基层组织，直接隶属于县。大致是百家一里，十里一乡。大乡为一千五百户到二千户，小乡为三百户。乡的官吏设置比较简单，只有三老、啬夫或有秩啬夫、游徼以及乡佐。

亭，是和乡同级的地方政府，直接隶属于县，一亭直接管辖的户数有几百户到一千多户居民，并且亭下设里。亭所设的官吏比乡复杂得多，这是因为亭的职责范围要比乡广泛得多的缘故。亭设有亭长、亭啬夫、亭佐、校长、求盗、亭父、亭侯、鼓武吏等。

里，是秦地方政府最低的基层组织，一般说来百家为一里，里有"里正"，相当于后世的保甲长。秦简《法律问答》均不称"里正"，而称"典"或"里典"，这是避秦王政讳而改的。"里正"的职责有：派徭、监督户口、维护本里的治安、协助官吏办乡事、组织生产等。

郡县制的推行，对中国政治制度的进步起到了十分重大的作用，有利于国家的统一与管理。郡县制的推行，大大推动了国家经济的发展和社会文化的交流。通过郡县机构，秦王朝中央政府可以统一调用全国的人力、物力，这对于加强国家的经济和国防力量，有着十分重要的意义。郡县制度的推行，使秦始皇的一系列的改革措施，如统一货币、统一文字、统一度量衡、大规模的移民等都得以成功地贯彻与实施。由于郡县官吏的任免权操纵在皇帝的手中，中央通过郡县控制地方，就集中了全国政治、经济、军事、司法等权力。郡县受中央管辖，对于消除地方与中央的对立，铲除叛乱的祸根意义更加重大。实际上，秦王朝的灭亡是由于政治昏暗、酷刑激起民众的反抗，并不是因为郡县制度不好。今日中国的省县制，就是由秦朝的郡县制演变而来的。

纵观历史，中华民族对大一统制度的抉择，是在一个动态的制度变迁中实现的。

中国历史发展表明，一个君主集权之下的全国统一局面，是古代中国社会历史发展过程中再三出现的态势。这种发展势头在大禹治水以后，随着各地经济交流的增加而得到了强化。如果说大禹治水时的夏代，还有数万个部落称自己为国家的话，那么在一两千年的兼并战争中，无数的小国逐渐被吞并了。到商代有3000多个，到周代剩1800多个，春秋之初尚有1200个，其中见于记录的约有 170 个，再经过 300 多年的激烈兼并，到战国时代就只剩下十多个了。在这个长期的兼并战争中，中国社会发展中逐步走向统一的趋势越来越强劲。

历史发展到战国末年，华夏大地上就只剩下七个诸侯国了。它们在对小国的兼并战争中不断壮大，而且在扩大统治区域的过程中，往往将所并小国及封邑改为郡县，直属国君，这样就使郡县制逐渐取代分封制，成为基本的行政区划，形成一种有别于旧诸侯国的新型统一王国。这说明，大一统不仅成为了广大人民从混乱和战争的痛苦中解脱出来的唯一出路，而且也是各诸侯国君主争相追求实现的根本目标，并已在行政制度、思想理论上开始有所探索了。

从公元前 230 年到公元前 221 年，秦始皇只用了十年时间，就完成了"六王毕，四海一"的宏大伟业。从此，一个广袤数百万平方公里的统一帝国就在中国历史上诞生了。秦始皇所开拓的广袤疆域，是在他当时所知道的天下范围内，实现的空前的政治统一，他奠定了中国版图的基本轮廓。

然而，当时的形势是，秦始皇虽然在军事上统一了中国，但由原来各个国家演变而来的郡县，还保留着各国原先的政治、经济和文化、社会生活的基础，除了因田亩大小不一和车轨不同所造成的各地区经济发展的困难以外，更为严重的是，在政治管理制度上还存在不同的律法条文，在文化上还有不同的文字和语言，尤其是，六国原先的思想文化及其人们早已形成的社会风俗文化等等，并不会随着军事上的统一而统一。这种情况，将会成为不久以后诸侯割据和分裂的潜在因素和条件。

为了防止再次分裂，顺应历史和政治对大一统制度的抉择，正式建立了大一统帝国的秦始皇，从加强中央集权的统治目的出发，以其恢宏的气魄，依托其史无前例的国力和权威，将原来各个诸侯国的政治权力全部集中到了自己的手中，采用郡县制牢牢地掌握了中央对地方政府的控制权。他通过在中央和地方各级行政机构中实行的官僚制度，形成了一整套高度发达的中央管理体系，并以古今第一帝的始皇帝身份将自己凌驾于政府之上，最终为大一统制度的实现奠定了君主集权和官僚制度统治的组织保证。

杨松华在《大一统制度与中国兴衰》一书中认为：在新制度经济学看来，国家是一种"制度"结构，它的职能就是生产和出售一种确定的社会"产品"，即安全、公正和秩序。因此，秦统一中国的意义，并不仅仅在于当时消除了国家分裂的局面，使整个中国达到了空前的统一，关键在于它找到了一套今后在遇到矛盾冲突时，以安全、公正和秩序来调解矛盾的大一统制度，并使其成为中国古代社会长期有效的一整套规则。它使中国古代的国家政治经济生活有了长期稳定和发展的基础与保障。尽管大一统制度的国家政治规则并没有像西方国家那样把其称为宪法秩序，但在实际运行中，它对国家日常生活的权威一点也不比宪法小。

大一统制度给中国传统社会提供的一套关于解决冲突的基本价值和程序，使中国传统社会具有了稳定而有活力的类似西方现代宪法秩序那样的文明秩序，从而大大降低了大一统制度的运作成本和风险，节约了大量的制度费用，产生了巨大的制度效益。

建立起统一国家行政管理制度的秦始皇，是用铁血手段铸成大一统制度的雏形的。

除了上述的制度开创外，他的智慧与手段还主要体现在：

第一，推行"行同伦""书同文"。

为了从文字和伦理上统一全国，秦始皇依照韩非子在《韩非子·五蠹》中宣称的"明主之国，无书简之文，以法为教；无先王之语，以吏为师"的文化统一主张，通过一系列强制手段，推行"行同伦"政策，迫使人们将法家思想作为行动的指南。然而秦始皇所崇拜的这种由道家派生出来的法家思想，与当时在东方六国地区适应家族制度的孔孟正统派儒家学说相去甚远。也就是说，这种建立在文化专制主义基础上的"行同伦"政策并不可能真正统一人们的伦理行为，中国人在伦理行为上的真正统一还得在汉代汉武帝时期才最终得到实现。

文字是思想的物质外壳。要想统一人们的思想，就必须统一语言文字。为了更有效地推行文化统一政策，秦始皇还批准推行一套新汉字的改革方案，把小篆、隶书作为全国通行的字体。这套新汉字是经过李斯、赵高、王次仲、程邈、胡毋敬等人的不断努力，汲取了战国时期各国文字的精华，创造出了笔画相对简单、好学的统一方块字——秦篆与隶书。至此之后，虽然中国广大土地上的方言仍然不同，但是各民族因为有了统一的文字，经济、政治、文化的交流也就变得容易多了。

有关中国的方块字对于国家统一的意义，诺贝尔物理学奖得主杨振宁教授 1999 年 12 月 3 日在香港中文大学"新亚书院"举行的"金禧讲座"上以"中国文化与科学"为题发表的演讲中，进行了精辟的分析。他认为中国的文字与国家统一有着深刻的内在联系。中国的文字是象形文字，有一个很强的统一趋向。它不像拼音文字，容易出现文随音转的情况，并由新文字的产生而增加国家分裂的可能。从杨振宁先生的这番话语可以看出，秦始皇统一文字对中国国家统一的功绩，具有永远不可磨灭的意义。

第二，统一货币、度量衡。

秦统一中国以前，各地货币非常复杂，各国货币的形状、大小、轻重、成色都不一样，计算单位也不一致。各国原来流行的不同形制货币，显然已经不利于帝国商品的交换，不利于国家赋税的统一征收，归根到底不利于社会经济的发展。秦统一后，秦始皇首先废除了六国旧有的货币，将货币铸造权收归国家所有，黄金以镒为单位一律统一使用秦半两钱。

战国时期因各诸侯国长期割据，度量衡制度也各不相同。秦统一后，秦始皇决定把商鞅在秦国所制定的度量衡制度推行到全国。

公元前 221 年，秦始皇颁布了统一的度量衡诏书，并规定以后凡制造度量衡器具，都必须刻上这一诏书，以表示采用了新的度量衡制度。国家还严格了对度量衡器具制造的管理制度，规定度量衡器具必须由官府遵照诏书制造，民间不许私造，从而为全国走向共同的经济生活和交流发展创造了前提条件。

例如，过去由于战国时期各国车轨的宽窄不同，从而影响了同一种尺寸的车辆在全国的通行。自从秦统一规定车轨的宽度为 6 尺（古时计量单位）后，全国各地同一个标准尺寸的车就可以通行了，这就极大地方便了全国运输的畅通。

第三，颁行"自实田"法令，确定和保护土地产权。

公元前 216 年，秦始皇颁行"自实田"法令，推行"使黔首自实田"的政策，即允许地主和自耕农向国家申报私人占有的土地，按亩缴纳租税，以此来取得帝国政府承认其所占有的土地并加以法律上的保护。

应该说，"自实田"法令的颁布，在中国土地制度史上是一件划时代的大事。一方面，它对土地占有者是一种奖励和鼓励，对于促进他们更好地利用土地起着很大的积极作用。另一方面，随着这项土地法令的颁布，土地从此可以随意转让和买卖，这又为民间的土地兼并创造了新的条件，从长远看，它顺应了中国经济发展的规律。

从当时情况来看，这些土地大多是因为战争荒芜或是曾被推翻的旧贵族的土地，这时由帝国政府正式给予批准，是大一统政权正式承认土地私有产权的开始。而土地产权的确定，也标志着中国封建制度的基础——地主土地所有制，已经在全国范围内确定，并得到了国家政府的保护。在这个法令下，地主和有田农民纷纷自动陈报所占土地的实际数量，并按照政府规定缴纳赋税，有效地促进了农民的生产积极性，也使国家获得了稳定的赋税来源，迅速增强了国家实力。

第四，修驰道、通水路、去险阻、设邮传、大移民。

修驰道，是指修筑可以行车的大道。秦帝国以京城咸阳为中心，向全国各地修筑发散性的驰道。驰道宽300尺，用铁锥将土夯实，两旁种植松树并标明路线。驰道中央是皇帝独用的专路，专路两旁允许老百姓行走。驰道的修成，为秦帝国的统治带来了方便，也为社会经济的发展带来了实效。它对于古代中国陆路的四通八达具有奠基性的意义。

通水路，是指掘通原来由各国修筑的阻塞水道畅通的堤坝和疏浚地处河南的鸿沟，作为水路中心来连通济、汝、淮、泗等河流。在吴、楚、齐、蜀等地，还大兴水利工程，以便于各地的行船和周边农田的浇灌。水上航道和陆上驰道的同时建成，使秦国各地有了发达的交通网络相连接，改变了战国时期各国经济人为闭塞和交通受阻的状态。

去险阻，是指拆除原来各个诸侯国利用险要地形建筑的城池，毁去原来用来分守各国疆土的长城以及为了便于防守而在交通要道上修筑的障碍物，消除了人为所制造的关隘和屏障。这样一方面方便了各地居民的经济和物资交流，另一方面真正去掉了各国贵族再次据险关、修城池、割据称雄的地理条件。

设邮传，是指秦政府在交通要道上，每隔 30 里所设置的"传舍"，在那里置有车马、厨房、宿舍，专为差官信使的过往、换乘、饮食和住宿所用。这一邮传设施，是在当时只能采取人力或驿马传递信息的条件下，所能达到的最为快捷的一种古代通讯方法。秦王朝正是应用这一以短途接力的方式传递文书的制度，保证了皇帝的指令能够及时地传达到全国各地。这一制度在两千多年前的古代世界也是一个实现高速信息传递和管理的奇迹。

大移民，是指秦始皇初灭六国后，迁徙天下豪富 12 万户到秦国都城咸阳和将一部分人分散到巴蜀等南方各地的行动。这些豪富大多是原来的六国贵族和富商大贾。秦朝建国后，他们还继续在原来他们执掌政权的国家，即秦建立后新建的郡县里，凭借经济上与宗法上的实力，不服从秦帝国的政令，兼并土地和横行乡里，成为同中央政府闹分裂的潜在力量。如果不把他们迁出原居地，他们的存在就会影响中央政府号令的实施，有碍国家的统一。在秦始皇的武力威逼下，他们被迫迁徙到了新的地区。在人生地不熟的条件下，他们失去了往日的权势，也失去了再次复国的力量。在新居地，他们最多只能再次成为新土地上的地主、富豪，而他们原先占有的土地则被分派到部分贫民手里。在这次大移民中，还有不少罪人被遣送到了当时还处于蛮荒状态下的一些南方烟瘴地区。他们在那里传播了北方先进的生产技术和文化，对全国经济和文化的统一、各兄弟民族的进一步融合、边远地区的开发等等，无疑都起到了积极的作用。但是，由于帝国政府在处置上操之过急，在手段上过于强暴，在很大程度上伤害了被迁移者，这些人无疑又成为大秦帝国最激烈的反对者，成为秦末反秦洪流中的一支强有力的力量。

第五，推行文化专制政策。

秦统一六国以后，原六国的贵族和书生仍然依照各国的价值体系，诽谤时政，操纵舆论，反对郡县制，企图动摇秦帝国的专制统治。

为了从思想上加强专制集权统治，秦始皇依照商鞅在秦国酝酿变法时关于"治世不一道，便国不必法古"（《商君书·更法》）的主张，接受丞相李斯的建议，于公元前213年发出如下禁令：

史官所藏的《秦纪》以外的史书，民间所藏的有关医药、卜筮、种树书籍以外的《诗》《书》、百家语，一律限期烧毁；有敢于谈论《诗》《书》的就处死，以古非今的就灭其全家；三十天还不烧毁者，脸上刺字，罚作修筑城墙的苦役。

公元前212年，秦帝国历史上又发生了震惊后世的"坑儒"事件。那些非议时政、诽谤秦始皇以及被认为妖言惑众的460多个方士、学子，其中主要是儒生，被集体活埋，以"天下知之，以惩后"。自此以后，那些未被处罚的学子们，除了改习代表皇帝意志的法令和法家学说，为秦帝国政府的大一统政治服务以外，已没有别的诸侯国家可以前去投奔，也没有别的政治理想可以依托了。

从历史上看，秦国自秦孝公以后的历代的统治者是一贯轻儒的。秦孝公就支持商鞅的反对儒生和儒术的建议，他们把儒书看成是侵蚀社会治安的害虫，主张焚诗、书而明法令。秦昭襄王也是一个轻儒的人，他认为"儒无益于人之国"。秦始皇对诗、书与儒生的成见，不过是继承了秦国先王的"轻儒"政策而已。

从秦始皇焚书坑儒的结果来看，他似乎并没有因此达到巩固大秦帝国统治的目的，反而因此失去了民心。孔子说："始作俑者，其无后乎？"秦始皇的焚书坑儒为我们提供了一个反面的历史教训：思想文化的统一是一个自然发展的过程，它不能靠强制，更不能靠暴力。如果强求一律，用简单、粗暴的方式去统一思想，必然会引起民众的不满与反抗。这种结果，司马迁在《史记·儒林列传》中进行了总结。他说："陈涉之王也，而鲁诸儒持孔氏之礼器往归陈王。于是孔甲为陈涉博士，卒与涉俱死。陈涉起匹夫，驱瓦合适戍，旬月以王楚，不满半岁竟灭亡，其事至微浅，然而缙绅先生之徒负孔子礼器往委质为臣者，何也？以秦焚其业，积怨而发愤于陈王也。"

秦始皇的文化专制措施，中断了自春秋战国以来中国文化百家争鸣的良好局面。它不但严重扭曲了中国文化的正常发展道路，将其硬性纳入为大一统政治服务的轨道，同时也正因为它所使用的方式简单而粗暴，激化了秦帝国内部本来就存在的各种矛盾，成为大秦帝国覆亡的原因之一。

以上是秦始皇在政治、经济、文化、思想等方面的制度博弈和铁血手段，正是因为上述各项政策和措施的实践与贯彻，一个真正保障统一的中华大帝国才最终能在中国扎下根来。

综上所述，我们可以得出结论：秦始皇推行的大一统制度是对春秋战国以来各国政治管理经验的一次提炼和升华。秦统一中国，不但标志着经过了漫长的酝酿和发展时期的大一统制度的正式诞生，更为重要的是奠定了"百代皆行秦政法"的基础，从此，大一统已经成为中国正统的国家形式和制度体系。大一统制度下的中央政府，通过庞大的官僚体系，对全国履行统一的政治、经济、文化和科技管理功能，从而把传统中国社会结合成一个结构复杂、组织严密的统一整体，在大一统政府的统治下进行着有序的运动。

历史已经证明，秦始皇的统一措施，除了在建立共同的文化伦理方面没有成功以外，其他制度和做法基本上经过汉承秦制已经被以后的各个朝代所继承并发扬光大，成为中国大一统制度的基本组成部分。

然而，由于秦始皇的严刑急政，也由于一项制度在开创时必然需要一定的学费和一定的探索过程才能成熟，大秦帝国在完成了历史赋予它的军事、政治统一任务后，仅仅存留了 15 年便烟消云散了。如果从人类历史发展的长河来认识这种现象，这也是先行者需要付出的必要的代价，它作为一面明镜，对后世具有重要的启迪作用。

第三节　以法治国从政理念的进一步固化

秦代，是法家理论得以全面实践的一个重要历史时期。

作为历史上第一个实现了"大一统"的高度集权的专制主义大帝国，秦王朝执政的理论基础就是法家的以法治国、以刑去刑、事皆决于法的基本思想。

秦朝，是中国历史上少有的几个主张用法律手段来维护社会秩序的朝代之一。秦始皇继承前代的法治传统，在法律制度日益完善的基础上，提出了以法治国的政治准则。

1975 年 12 月出土的睡虎地秦简，除了《编年纪》以外，都多多少少地涉及了秦的法律制度。其中，《语书》是公布法律的文告；《为吏之道》是官吏的守则；《法律答问》主要是对刑法条文的运用和解释，涉及《盗律》《贼律》《囚律》《杂律》《具律》等多方面的内容；《封诊式》主要是诉讼程序法规和有关侦查、勘验、审讯等法律文书的程式；其他则涉及行政法、经济法和民事法律关系方面的内容。在《法律答问》中，也有一部分是行政法、经济法和民法的内容。从睡虎地新出土的秦简上看，除了商鞅变法时颁行的《刑律》《军爵律》之外，还有《田律》等三十项单行法规，内容丰富，体系庞大。

公元前 238 年，在粉碎嫪毐、吕不韦两大政治集团后，秦始皇便开始着手成文法典的编纂工作，大约到公元前 227 年以前完成了这项任务，前后共花费了十多年的时间。

从睡虎地新出土的秦简上看，秦始皇编纂的成文法典中主要涉及如下四方面的内容：

第一，刑事、民事以及诉讼法方面。

除了商鞅变法时颁行的《盗律》《贼律》《囚律》《捕律》《杂律》和《具律》之外，还包括新出土的《法律答问》的全部内容。这里涉及犯罪构成、量刑标准、刑事责任、共犯、犯罪未遂、犯罪中止、自首、累犯、数罪并罚、损害赔偿、婚姻的成立及解除、财产继承等一系列理论原则和概念，也涉及诉讼权利、案件复查、诬告、失刑、不直、纵囚等诉讼法的理论原则问题。仅《法律答问》就有一百八十七条，除去二十六条关于法律概念、术语的解释，其余一百六十一条中，有关惩治盗窃的四十五条。属于惩治所谓"贼"的有四十一条。

第二，依法行政方面。

商鞅变法后，秦国家政权的一个根本变化，就是以中央政府统一任免官吏的行政制度，取代了过去的世卿世禄制度。一来历史不允许回归；二来秦统一以后，面对这样一个庞大国家机构和官员队伍，也需要用法来规定各级国家机关的有组织的活动，规范和约束大小官吏的工作行为。在秦简中，有不少类似现代国家的行政法规，如《置吏律》《行书律》《内史杂》《尉杂》等。

第三，用法律来确定兵员和保证军队战斗力方面。

在"诸侯争力"的战国时代，秦国有着重视军队建设的传统。商鞅说："国之所兴者，农战也。"[①] 秦统治者通过制定法律，把他们的这一主张具体化、制度化，并以此来提高军队的战斗力。秦简中的《除吏律》《军爵律》《中劳律》《屯表律》《戍律》《秦律杂抄》中摘录的其他一些法律条文，都是有关军队建设的法律。这些法律和条文，对服兵年龄、士吏训练、军事检阅、战斗指挥、军队纪律、功劳计算、爵位予夺、军马饲养等都作了具体的规定。如秦国的男子自 15 岁傅籍以后，随时皆有被征调入伍的可能。据云梦秦简《编年纪》记载，喜这个人在秦始皇三年、四年、十三年曾三次入伍。可见，秦国的每个男子一生服兵役不止一次，当兵的年龄也绝非自 23 岁开始。正由于秦国有这样的法律规定，才保证有源源不绝的兵源，使秦的军队数目最多达到百万之众，为统一六国准备了重要的条件。秦统一六国之后，这些法律规定仍然在继续发挥着它的作用。

---

① 《商君书·农战》。

第四，经济法规方面。

法属于上层建筑，它同上层建筑的其他部分一样，是为经济基础服务的。在秦简中有不少类似现代国家的经济法规和条款，如《田律》《厩苑律》《仓律》《金布律》《均工律》等。这些法律对所有制关系、农田水利、山林保护、种子保管、防止风涝、除虫灭害等都作了具体的规定，充分说明秦统治者对农业生产的高度重视。

有一种说法：秦王朝重视农业生产而对工商业实行打击。从秦律看，并非如此。对工、农、商之间的地位，秦始皇当然有所侧重，而且他把重心放在"重农"上面，但不能由此得出打击工商业的结论。秦统治者对手工业生产和商业贸易也是相当重视的。秦律对手工业管理、劳动力调配、生产计划以及产品规格都作了明确的规定。从有关规定看，秦王朝非常注意手工业技术力量的保护和使用。《均工律》有这么一条规定：凡是有技术的奴隶，不让他们从事一般杂役；手工业技术奴隶解放之后，也让他们继续充当技术工人。对于商业贸易，在《金布律》等也作了许多保护的规定，这都表明秦统治者对工商业的重视。重农而不轻商，这正是秦始皇的高明之处。①

秦始皇不仅继承了商鞅变法以来重视法令宣传的传统，主张把法律、法令公布于众，并且通过种种方式进行法律的普及工作，

① 郭志坤著：《秦始皇大传》，上海三联出版社1989年版，第129—131页。

使更多的人知法守法，这就是所谓"宣明法制"。李斯曾提出："今天下已定，法令出一，百姓当家则力农工，上则学习法令辟禁。"①秦始皇同意李斯关于学习法令、宣传法令的建议，明令全国："若欲有学法令，以史为师。"②

从新发现的云梦秦简材料来看，秦律包括的内容是相当广泛的，但是法律条目简单易懂，如

《田律》六条

《厩苑律》三条

《金布律》十五条

《关市律》一条

《仓律》二十六条

《工律》五条

《均工》三条

《工人程》四条

《徭律》一条

《司空律》十三条

《军爵律》二条

《置吏律》三条

---

① 《史记·秦始皇本纪》。
② 《史记·秦始皇本纪》。

《效律》二十六条

《傅食律》三条

《内史杂》十条

《尉杂》一条

《行书》二条

《属邦》一条 [①]

为了达到更好地控制民众的目的，秦始皇在朝廷、郡、县等各级行政机关中普遍设置法官或法吏，负责法律的公布、解释、宣传和实施的任务。秦统治者对于法官或法史的要求很高。这些人必须精通法律，各个主管法令的人如果胆敢违背执行法令条文的某项规定，就各按照他们所违背的法令条文的某项规定，来办他们的罪。同时秦法规定，官吏如果不努力学习法律、法令，就不能继续为官。

秦始皇带头讲法，他在巡视各地的一项重要活动就是宣传法律和法令，让所有的官吏都知法讲法。

在《泰山刻石》说："训经宣达，远近毕理，成承圣志。" [②] 就是说，要广泛宣传法制，使全国臣民完全领会，并按法律法令办事。

在《琅琊台刻石》说："端平法度，万物之纪"，"除疑定法，

---

① 郭志坤著：《秦始皇大传》，上海三联出版社1989年版，第137—138页。

② 《史记·秦始皇本纪》。

咸知所辟"①。就是说，制定了统一的法律制度，就有了办事的准则；确定法令，消除疑点，使大家都能遵守而不触犯。

在《芝罘刻石》："普施明法，经纬天下，永为仪则。"②就是说，全面地推行法治，使之永远成为治理天下的准则。

在《会稽刻石》说："秦圣临国，始定刑名，显陈旧章。"③就是说，秦始皇亲自执政以后，开始确定了崇尚刑名，明白地宣布继承秦国以往的规章制度。

秦始皇继承了秦的法治传统，在法律制度日益完善的基础上提出了全面实行法治的原则。

秦始皇时代，上至军政大事，下至百姓的日常生活，都有法律进行规范。司马迁在谈到秦始皇法律思想的特点时说："事皆决于法。"④的确，秦始皇把法看成治理国家唯一有效的工具。封建制度的特点是人治，而不是法治。封建社会的种种法典往往只是封建帝王和封建官僚意志的摆设品，而秦帝国却是法网严密，一定程度上真正实行了法治。

秦始皇不相信人们经过道德教育可以不犯罪，相信只有经过

①　《史记·秦始皇本纪》。

②　《史记·秦始皇本纪》。

③　《史记·秦始皇本纪》。

④　《史记·秦始皇本纪》。

刑罚，人们才不敢犯罪。因此，他主张为了防止犯罪，必须轻罪重罚，以刑去刑。秦始皇采用连坐法，实行家属连坐、邻里连坐、部门连坐等等。秦始皇信奉商鞅、韩非等人的重刑理论，就不可避免地从历史寻找并继承许多残酷的刑罚。

历代都认为秦律酷烈，故激起民叛以至短命而亡。但是，从睡虎地秦墓出土的简牍中，我们看到了秦法的另一面，那就是以法律管理官吏，要求官吏必须知法、守法、严格依法办事，这对秦的统一及其统一的巩固，是有积极意义的，对后代历史的发展无疑也具有借鉴的价值。

秦律规定，官吏的选拔要依法进行。官吏作为国家政权的支柱，他们的能力与素质直接影响着国家政治的清浊状况，因此秦律特别重视对官吏的选拔，规定了严格的官吏任用条件。

秦律规定，所任官吏必须有一定的能力，这种能力包括"尚武功"和"治民事"两个方面。

商鞅变法以后，秦国的兼并战争连续不断，以军功大小授官爵成为秦国重要的任官手段。秦朝统一前后，随着疆土的不断开拓和控制区域的不断扩大，巩固统治就成为秦朝政治的重要内容。相应地，强调官吏"治民事"的能力，就以此来作为任用官吏的重要标准。

在秦朝，为了保证被任官吏具有一定的实践经验和任职能力，秦律规定任用官吏必须有年龄条件和文化程度的限制。《秦律十八种·内史杂》规定：任命官府的佐吏必须是壮年以上的男子，刚刚被登记入户口的无爵位的青年人不能任职。官吏还必须有一定文化水平，才能承担处理政务的工作。

为了防止任官上的随意性和徇私舞弊行为的发生，秦律规定任官必须严格按照法定程序进行。

首先，任官要有现职官吏的保举。

为了避免任人唯亲或滥行保举的情况出现，秦律规定保举者要对被保举者负连带责任。《秦律杂抄》规定：如果举荐因为违法犯纪曾被撤职的官吏再度任官，举荐者要受到经济处罚。如果被举荐者犯了罪，举荐者还要负法律责任。

其次，官吏必须经过正式任命才能行使职权。

《云梦秦简·置吏律》规定：如果没有经过正式任命就行使职权或派往就任，要依法论处。

再次，秦律还规定了严格的官吏委任时间。

正常的官吏任免，要在十二月到次年三月底之间进行，如果因为特殊原因官吏出现空缺，才可以随时补充。严密的任免程序，在一定程度上保障了新任官吏的较高素质。

最后，《秦律》规定，官吏必须依法考核与奖惩。

官吏任职后，秦律规定了严格的考核措施，并根据考核结果决定他们的奖惩与升黜。对于工作业绩差的官吏，秦律制定了严格的惩罚措施。秦律把考核评比与对官吏的奖惩升降密切结合起来，无疑有利于官吏尽职尽责地搞好本职工作，有利于形成一种竞争进取的氛围，有利于官吏积极性和主动精神的调动，这对促进秦国的统一与政治控制是极有好处的。

除了定期评比外，对于日常工作中出现的失职、渎职、违纪等现象，秦律也予以严厉处罚。对于官吏徇私舞弊、贪赃枉法的行为，秦律的处罚相当严厉。

对于秦朝法律，过去人们较多注意到了它的严酷暴戾、盘剥镇压的一面，而对于其奖励引导官吏兢兢业业，为国效力的一面则认识不足。秦王朝把奖励作为管理官吏的重要手段，对调动他们的工作积极性，提高工作效率，必然起到积极的作用。秦依法治吏，不仅注重对官吏的选拔培养，而且要求官吏必须精通法律，严肃执法，恪尽职守，公正无私。在严格考核的基础上实行责任追究制，奖勤罚懒，劝善惩恶，这既调动了各级官吏的积极性，提高了工作效率，保证了国力的发展与社会的稳定，也限制了各级官吏的私心膨胀，减少了以言代法，以权谋私情况的发生，体现出了封建地主阶级上升时期的蓬勃朝气与进取精神。严肃法治，依法治吏，促进了秦国的迅速强大和封建经济的发展，有利于提高封建国家的统治效能，这是秦国最终胜出六国，一统天下的因素之一。

今天看来，秦始皇颁行的法律不仅规范类型较为完全、结构较为严密，而且确定性程度相当高，为各级官吏和平民百姓明确指出应该做什么、允许做什么、禁止做什么、要求做什么，并且也有对违犯规范的后果作出法律制裁的具体规定。秦始皇的明法定律，从历史发展角度看，有其一定的进步性。它对普及法的观念，完善法制体系，提高法在整个政治生活和日常生活中的地位，都是很有价值的，具有一定的借鉴意义。

第六章　大一统政治的进一步固化
——高度整合的汉政模式

从总结历史经验教训的角度而言，大秦帝国对中国政治的最大影响，莫过于创立了大一统政治模式。这套政治模式包括政治观念、政治制度、法律制度、疆域空间以及与之配套而成的社会经济制度、民族心理特征等等。大秦帝国建立者的文化水平和理论水平，明显高于起事于草莽布衣的汉帝国的创建者们。换句话说，秦始皇草创的政治制度和治国模式具有开辟性的特点及优势，继秦而起的任何新朝都不可能再在一个短时间内创造出比之更加完备的国家制度与治理的范式。大秦帝国虽然因统治者施政不当而短命夭亡，但其创建的国家政体却有着强大的生命力，它不仅不会随着大秦帝国的灭亡而消亡，而且以新的面孔继续影响着继秦而后的新王朝的政治之路。

第一节　周秦二制之比较

周制与秦制，是中国古代政治制度发展史上的两大高峰，对中国大一统文明影响至大至深至远。

在大秦帝国建立以皇权为核心的中央集权政治体制之前，先秦制度史已经先后经历了以"共主"为表征的氏族部落联盟共主时代、王权政治时代和基于血缘宗法制度所确立的君主政体时代。许倬云先生在《西周史》中比较系统地揭示出夏商周政治创造者们在三个方面所做出最重要的政治文明成就：一是建立华夏国家；二是建立了封土封民，构筑以"族"为单位的国家共同体的分封制；三是确立了与宗法社会相匹配的完整礼乐制度。这三大成就都在周王朝得到了集中体现，人们亦往往将其视作"周制"的具体内容与表现特征。

"周制"因为其漏洞与弊端无法解决而最终被"秦制"所替代。

"秦制"是通过用"郡县制"替代"分封制"、用"官僚制"替代"贵族制"、用"书同文、车同轨"式的中央集权终结诸侯割据而建构起来的一套更加适合中国国情的政治管理方式。

不过，"秦制"的出现丝毫没有降低"周制"在传统中国政治文明发展中的地位与影响。这是因为，源于夏、发展于商、成熟于周的宗法制度与礼乐制度成为中国传统国家支撑制度、运行治理的根本所在。孔子论礼中讲清楚了这个重要性，礼也由此成为历代治国者必须遵循与重视的治国基础与法则。他说："夫礼，先王以承天之道，以治人之情，故失之者死，得之者生。《诗》曰：'相鼠有体，人而无礼，人而无礼，胡不遄死？'是故夫礼，必本于天，殽于地，列于鬼神，达于丧、祭、射、御、冠、昏、朝、聘。故圣人以礼示之，故天下国家可得而正也。"① 由于宗法制度与礼乐制度完全嵌入到中国的文化习俗、社会组织以及国家治理之中，全面协调着人与人、人与自然、人与社会、人与国家、人与天地鬼神之间等等的关系，所以，它"就构成了中国宗法社会的基本伦理观念、组织结构和行为准则，也确立了中国文化的传统"②。

周制创造了周王朝曾经一度的辉煌。以周制为基础所形成的周王朝政权确立在宗法制度基础上，是政权与以血缘、宗法关系为基础的族权相结合的产物。在宗法制度下，族权的权力，一方面来自家族的地位，另一方面来自家族所霸据的天下大小。于是，以封土封民的方式推动家族内部力量霸据天下，并平衡家族内部权力秩序与权力关系，就成为周制政权与族权结合的必然制度选择。但这个制度既是家族霸据天下的制度，也是家族内部割据天下的制度。因为，它是以家族内部族权的自然分化、分立为基础的，

---

① 《礼记·礼运篇》。
② 葛兆光著：《中国思想史》第1卷，复旦大学出版社1998年版，第108页。

而以族权体系为合法性基础的周朝政权是无力用自身的力量去解决这其中的矛盾的，唯一的办法就是改变这种霸据天下机制与权力配置模式。[①] 所以，当诸侯割据周朝天下时，各诸侯一面继续遵从周制保证自己势力的合法性，另一面则放弃周制霸据天下的方式，开始探索新的制度，即用郡县制替代分封制，派官员驻守新领地，逐步减少给家族内部力量封土分民，从而逐渐弱化血缘与宗法制度在国家权力组织和国家治理中的主导作用。这是后来一统天下的秦制得以实践和发展的重要历史与社会基础。

秦制自然源于秦国，但其生成和发展却是建筑在战国时代各诸侯国为赢得统一霸业而展开的各种政治改革和政权建设的实践上面。其中，作为秦制核心的郡县制即是在效法三晋的郡县制实践基础上创设的。[②] 所以，从一定意义上说，秦制是中华早期文明发展中出现的一种崭新的制度文明，因秦国借这个制度一统天下，并将其进一步全面深化与巩固，故而世人冠之以"秦制"。

秦制与周制的使命一样，就是创造大一统的家国天下，但两者的取向完全不同，周制是从族权逻辑出发的，而秦制是从政权逻辑出发的。与此相对应，推动周制成长的背后力量是礼制及其

---

① 参见王健著：《西周政治地理结构研究》，中州古籍出版社2004年版，第386—416页。

② 杨宽著：《战国史》，上海人民出版社2003年版，第228页。

所形成的贵族势力；而推动秦制成长的背后力量则是法家理论以及能够为皇帝管理天下的文臣武将。所以，相对周制来说，秦制无疑是革命性的。这决定了秦制的确立过程，不仅是制度替代的过程，而且是用君王—官僚的权力结构替代君王—贵族的权力结构的过程。这个过程最终通过秦统一中国，建立皇帝制度得以最终完成。正如周制所形成的家天下有内在的矛盾一样，秦制所形成的家天下也有内在的矛盾。前者的矛盾导致空间上的诸侯割据，后者的矛盾导致了时间上的朝代更替。

从一开始，中国早期政权就是完全建立在家族统治的基础之上的。这决定了秦制与周制所赖以存在的社会性质与基础结构是一致的，即宗法社会。所不同的是，周制直接将宗法社会的宗法制度上升为国家政权建构的制度基础，从而将政权与族权结合一体；秦制没有否定宗法社会与宗法制度，否则，它就不可能确立家天下制度。但秦制政权建构又在很大程度上超越了宗法社会与宗法制度，最重要的体现就是除了皇帝制度之外，国家不是靠家族来治理的，而是靠人才来治理的，从而使得家族的社会地位不能直接转化其在国家治理中的权力地位。这样，基于封建制必然形成的贵族阶级与贵族统治就逐渐被基于人才治理国家所形成的官僚制所取代。秦制正是依靠这样的制度，建立了比周制更具统一性和牢固性的家天下格局。

秦制创造了中央集权的高度统一以及相应的强大皇权，但它从诞生的那天起就使得秦始皇用秦制统一中国时所追求的"万世一系"变成黄粱美梦。这是因为，秦制在用官僚制替代贵族制的时候，就使得"万世一系"失去了赖以存在的社会基础。正是这种家天下的内在矛盾，使得国家权力可以被某一个家族所掌控，但不可能永远掌控在一个家族的手中。国家权力的归宿和掌握一旦失去了血缘与家族的神圣性，国家权力自然就成为全社会的公器，在以家族为单位的宗法社会中，各家各姓都有权染指。中国是百家姓社会，任何一家一姓都拥有掌握皇权的权力与机会，因而谁家在有条件时都可以发出"王侯将相宁有种乎"的挑战，表达"彼可取而代也"的宏志。所以在这套制度与治理体系下，皇权不可能为一家万世垄断，必然是在百家姓之间流转，从而形成王朝更替。不同家族掌握国家权力，就会形成不同的朝代。但掌握皇权的任何一家，要想江山巩固，则必须拼命守住政权，而守住政权的关键，不在权力本身，而在能否赢得天下，而赢得天下的根本，除了人心之外，就是皇权能否赢得既有制度和治理体系蕴含的"正统"合法性基础。拥有了这种合法性基础，既能有效运行制度与治理体系，也能赢得广泛的民心。正是这种独特的政治传统与政治文化，使得传统国家的制度与治理体系，虽依赖皇帝制度而运行，但又能超越皇帝制度而存在，从而成为维系中国大一统格局的制度与治理体系。于是，朝代更替就成为秦制家天下的形式。这与诸侯分封与割据的周制家天下形成了鲜明对比。

　　秦始皇统一中国，建立了以皇权统治为核心，以郡县制和官僚制为主干的中央集权体制，并试图用这样的政权体制创造"万世一系"的家天下格局。然而，秦"二世而亡"。汉承秦制，此后，秦制得以在中国延续了近两千年。从西汉贾谊总结秦二世而亡的历史教训来看，秦朝早亡的原因，不在于秦制本身，而在秦朝的施政，用贾谊的话说是"仁义不施，而攻守之势异也"，结果，一统天下的皇皇帝国，不经意间毁于一介草民陈涉之手。显然，秦朝不是亡于秦制，而是亡于暴政。秦的暴政固然与秦制有关，但更与秦始皇施政不施"仁义"有直接关系。秦不施"仁义"，一方面于国家统一之后，亟要用政权力量创立与巩固中央集权的新制度，消除被征服的六国残余势力的反抗，固守扩展好几倍的大国边疆这样的客观政治形势有关；另一方面也与秦制统一中国过程秉承的法家治国哲学有关，过于强调"法术势"在固权治国中的作用。正因如此，秦亡之后而起的汉朝，继承秦制，但不用法家治国，而是用"黄老哲学"，强调以礼为本，无为而治，与民休养生息，从而创造了汉初的"文景之治"。在这个过程中，汉承的秦制有意识地吸纳了周制中的礼治体系及其背后的思想与原则。

　　无论周制还是秦制，都重视人才与制度在治国理政中的地位和作用，而不重视宗教在国家治理中的地位和作用。

　　中国虽有原始宗教，但由于中国是以天地自然的法则来安排世俗权力的，是以宗法伦理来安排人伦关系与世俗生活的，所以，君王治国所要借助的智力支撑，主要不是来自宗教力量，而是来自掌握天下国家之"道"的士人。君王要治天下，就必须将其所掌握的"势"与士人掌握的"道"有机结合。这种治国形态兴起于西周时期的"天人合一""敬天保民"观，发展于春秋战国时期的百家讨论，随后成为一种政治形态贯穿中国传统政治始终。秦制要得以巩固，必须解决一个问题，就是建构起应有的意识形态基础，获得充分的价值合理性。为此，秦始皇选择了法家哲学，汉初王朝选择了黄老哲学。这两套哲学立足点不是民情、民心与民生，而是君王的治国之策，所以，这两次选择都是从统治的需要和政权的巩固出发的，没有更多地从秦制本身如何立足社会，深入人心，融入传统出发。这在客观上导致了汉武帝所进行的第三次历史性的努力，即同意董仲舒的"罢黜百家，独尊儒术"，为秦制配上以儒家为核心的意识形态系统。这个意识形态系统，相对于法家和黄老哲学来说，它立足于中国伦理本位的宗法社会，将宗法社会的伦理原则与家天下的皇权统治所需要的治国原则有机统一起来，相互衔接、相互协调，从而形成源于人性、立于人心、扎根社会、贯通国家的意识形态运行体系，创造了集修身、齐家、治国、平天下为一体的大一统的政治文化。在这样的大一统政治中，皇权真正之"势"，不是来自皇权本身，而是来自支撑皇权的"制"及其背后的"道"。秦制的实际运行者是官僚，在天下太平取决于"势""制"与"道"衔接有序的大一统政治格局下，官僚队伍的选拔及其管理，就成为王朝兴衰的关键。正因为如此，汉承秦制之后，一方面为秦制选择相应的意识形态系统，另一方面努力为秦制搭建其运行所不可少的选官体系，并力图实现两者的有机协调。

历史研究表明，不论是周制，还是秦制，都建立了相应的官制系统。直接反映周制形态的《周礼》，就是一部通过官制来表达治国方案的著作，并由此确立了以官制来表达制度体系、国家组织以及治理形态的中国政治传统。在这个传统下，国不可一日无君，同样，君不可一日无臣，君臣一体，是立政安国之本。所不同的是，在周制下，天子和诸侯以下的各官都是世袭的，称为世卿。到了春秋战国，随着士的崛起，世卿制度开始动摇，举贤任能逐渐成为公认的治国安邦之道。秦统一中国过程中所确立的按军功授爵的原则，从根本上摧毁了周制的世卿制，拉开了选官制度的序幕。汉承秦制之后，汉武帝在元光元年（前 134 年），开启每年一次的"举孝廉"活动，从而使选官成为制度性的安排，这一举动奠定了中国千年选官制度的基础。此后，历朝历代选官制度的完善与发展，就成为秦制完善与发展的重要内容，并成为秦制完善性和有效性的关键所在，以至于成为中国传统国家走向成熟的标志，不是皇权在制度上得以巩固的程度，而是选官制度得以系统化、制度化、规范化的程度。从这个角度讲，隋唐的科举制确立，既标志着选官制度经历了汉代的察举制、魏晋南北朝的九品中正制之后终于定型于规范而系统的科举制，也标志着传统大一统政治所运行的"秦制"也达到了最成熟和完美的形态。辉煌的大唐盛世正是在这样的完美的制度形态基础上形成的。

今天，纵观人类所创设的各种政体以及相应的制度形式，制度得以巩固和完善的关键主要有两个：一是制度能够与外部保持持久的互动关系；二是制度内部自身具有很强的自我修复与完善功能。由此来透视秦制，不难发现秦制在这两个关键点上都是非常有效的：首先，通过选官制度，秦制既能将其意识形态有效地贯穿到人们的知识体系与日常生活之中，同时又能源源不断地从社会中选拔到既认同意识形态，又具有治国理政知识的为官之才。其次，通过选官制度，将支撑国家体系的三大系统有机整合为一个能够相互支撑、相互塑造的闭合的循环体系。这三大系统就是：官僚系统、意识形态系统以及宗法社会系统。最后，虽然秦制是以皇权为核心的，但由于皇权的合法性与合理性是基于不触犯整个国家的基本制度体系为前提的，使得皇权能够自我塑造，但必须尊重秦制的内在的机理和基本结构。这样，相对于不同时期、不同朝代的个性化皇权来说，具有历史通用性的秦制拥有了一种相对自主性。由此可见，不论从外往里看，还是从里往外看，秦制的结构与运行皆具有内在的精密性，环环相扣，任何环节的变化都会影响到整体与根本。1911 年，运行二千年的秦制之所以会被爆发在离京城千里之外的武昌起义所摧毁，并不是起义本身有多大的破坏力，更重要的是因为此前的晚清新政早已把秦制的核心支撑自行变革掉了，这就是 1905 年的废科举改革以及朝廷对官僚制度的的肆意破坏。所以，武昌起义不过是压垮千年秦制的最后一根稻草。从一定意义上讲，千年秦制最终是在内外力量的作用下自行彻底崩解的，以至于失去了任何复原的基础与可能。秦制历史之长久与秦制崩解之彻底，都构成了人类政治文明发展的一个奇观。然而，随之出现的更大的奇观是与秦制相伴相生二千年的中华民族并没有因为秦制的彻底崩解而四分五裂，相反，因为有大一统文化观念以及社会基础作保障，中国人依然守住国度，依然中华一家，依然能够在历史的大转折中重铸辉煌。创造这更大奇观的力量，一方面是来自中华民族在几千年历史发展中所形成的大一统的生存与发展方式；另一方面则是来自秦制解体之后的中国创造共和民主所形成的机制与力量。[①]

第二节　汉承秦制与亡秦之鉴

公元前 206 年，经过 3 年多的反秦战争，大秦帝国这座当时

---

① 参引林尚立著：《当代中国政治基础与发展》，中国大百科全书出版社2017年版，第43—49页。

举世最宏伟的大厦，在陈胜、吴广、刘邦、项羽等为首的各阶层民众的一致讨伐声中，轰然倒塌。

公元前 202 年，刘邦经过垓下一战最终夺鹿在手，天下战乱渐归结束，在这种情况下，刘邦在汜水北面登临皇帝之位，建国号汉，大汉帝国从此诞生。

为了保证新王朝的长治久安，汉高祖刘邦必须着手恢复大一统帝国的统治秩序。

尽管刘邦是推翻了秦始皇的帝国而称帝，尽管从此之后汉代的史书、官牍把秦帝国描绘得一片黑暗，但是，汉帝国君臣却毫不犹豫地承袭了秦帝国的所有国家制度。

从总结历史经验教训的角度而言，秦帝国对中国政治的最大影响，莫过于它创立了一套以大一统形式为标志的政治模式。这套政治模式包括政治观念、政治制度、法制体系以及与之配套而成的社会经济体系。大秦帝国建立者的知识水平和理论水平明显高于起事于草莽布衣的汉帝国的创建者们。换句话说，秦始皇草创的政治制度和治国模式具有开辟性的特点及优势，继秦而起的任何新朝都不可能再在一个短时间内创造出比之更加完备的国家制度。大秦帝国虽然因统治者施政不当而短命夭亡，但其创建的国家政体却有着强大的生命力，它不仅不会随着秦帝国的消亡而消亡，而且以新的面孔继续决定与影响着继秦而后的新王朝的政治。

历史发展的事实无可辩驳地证明："汉之法制，大抵因秦。"①根据云梦秦简提供的资料表明，许多原来以为是汉帝国创建的制度及其有关称谓，原来都是由前朝秦帝国那里传承下来的。"汉承秦制"，确凿无疑。

一、汉帝国全盘接受了秦始皇创造的皇帝尊号及其相应的一整套皇帝制度与帝王观念

皇帝制度与帝王观念是大秦帝国统治模式的基础框架和核心内容。只要这个基础框架与核心内容不改变，新王朝的一切损益、更始、变制，都不具有变革统治模式的意义。这就是说，只要汉帝国的创始人继续实行帝制，汉代的政治制度与治国模式就不会与秦朝差异太大。

二、汉帝国承袭了秦王朝的中央集权制度

汉代基本上沿用了秦朝的职官制度。东汉史学家班固就说："汉迪于秦，有革有因，举僚职，并列其人。"②事实也正是这样，秦帝国确立中央集权制度，皇权至高无上，全国的政治、经济、军事、立法、司法、监察等各种权力皆决于皇帝，从中央政府的丞相、太尉、

---

① 洪迈：《容斋随笔》卷九。
② 《汉书·叙传下》。

御史大夫一直到地方上的郡守、县令及各种军事长官，其任免权最终决定在皇帝的手中，或由皇帝直接任免，或由皇帝授权上级官员任免。汉帝国建立后，基本上沿用了秦帝国的这一套政治体制，只是在中央政府管理核心的"三公"设置上，略有变动。

大秦帝国后，秦始皇建立了一套以丞相为核心的文官体制。丞相王绾主管全国政务，御史大夫冯劫司职监察百官、廷尉李斯负责法律事务。"三公"均为文职官吏，极似现代西方国体的三权分立，各司其职管理国家。而为秦始皇统一六国功勋卓著的将军们，如王翦、王贲、王离、蒙恬等，虽皆封侯，但似乎并不参与国家的行政管理。除蒙恬将兵 30 万北逐匈奴，修筑长城外，其他武将似只授爵位与重赏，并不给予实际职权。

汉代承袭秦代官制，其主要职官是丞相、太尉、御史大夫。丞相是百官之长，其职责是协助皇帝处理全国政务。太尉，负责管理军事。御史大夫，辅佐丞相，司职监察百官。

汉代与秦代不同的是，太尉取代了廷尉，其位次也有变化：秦的廷尉位居御史之后，位列第三；而汉的太尉晋升为第二，而主管法律的廷尉不在"三公"之列。这一改变可以看出，汉代法制地位下降，军人地位上升。这似乎表明，秦帝国较之汉帝国，更具有理想主义色彩。也许在秦始皇看来，一旦消灭六国，"收天下兵，聚之咸阳"，天下则从此太平，不会再有战争，剩下的就是依法治国的事情了。所以，秦帝国的中央集权最高层，没有将军介入。汉高祖刘邦则亲历了秦末的战乱，其政权便是在群雄混战中靠武力争得的。因此，汉家天下一开始似乎更重视军事方面的建设。

经过汉代的继承发展，中央集权的"三公九卿"制度更加严整与完善。汉魏以降，中央机构和国家官制虽然不断在改革与完善，但其基本框架与思路则没有超出秦始皇的设计与智慧。中国传统政治的发展趋势是：中央政府的权力在不断地加强和集中，皇权更加强化，明清两代较之秦帝国更加专制。

三、汉帝国承袭了秦帝国的郡县制度

郡县制是维护中央集权的基本行政区划制度。

汉初，基本上沿用了秦帝国的行政区划。

秦始皇统一中国后，在全国范围内普遍推行郡县制。"分天下以为三十六郡。郡置守、尉、监。"[①]后又在今河套地区建九原郡，在两广地区设南海、桂林、象郡三郡，共四十郡，郡下设县。

然而，要否定周朝八百年的诸侯封国的体制，并不是一件容易的事情。为此，大秦帝国建国初期，在朝堂之上，关于郡县与分封孰优孰劣，就曾经展开了一场著名的大争论。

丞相王绾等向秦始皇进言说，诸侯初破，六国刚灭，燕国、齐国、

---

① 《史记·秦始皇本纪》。

楚国地处偏远，不在这些地方设王置藩，就无法镇抚确保那里的治安。他们建议秦始皇仿周朝旧制，分封各皇子到六国各地为诸侯王。

王绾的这个建议，既符合当时人们的习惯思维，也道出了王族和统治阶层绝大多数人的内心想法。

司马迁说：

> 秦始皇下其议于群臣，群臣皆以为便。[1]

这就是说，王绾的主张是得到了秦帝国绝大多数群臣赞许的。

但是，廷尉李斯独具异义。他认为：周武王虽然将同姓子弟进行分封，但结果并不理想。诸侯国之间"相攻击如仇雠"，战乱不断，即使周天子最后也不能制止。现在天下既然已经重新统一，辟为郡县，这是长治久安的办法，未可轻易地去改变。至于对于诸公子功臣，完全可以用国家财政的方法去奖赏与安置他们，完全不需要再去重蹈周王朝分封制的覆辙。

最后，秦始皇采纳了李斯的意见，否决了分封诸侯王的建议，他说："天下共苦战斗不止，以有侯王。赖宗庙，天下初定，又复立国，是树兵也，而求其安息，岂不难哉！廷尉议是。"[2]但是，

---

① 《史记·秦始皇本纪》。
② 《史记·秦始皇本纪》。

争论并没有结束，由于人们的利益、立场不同，人的智慧有高低之分，人的政治远见也有远近之别，所以，秦始皇建立的郡县制在很长一段时间里，并不被人们接受。汉魏至唐，历代争论从未断过。

班固在总结秦亡的原因时这样认为：秦亡的原因是因为"子弟为匹夫，内亡骨肉本根之辅，外亡尺土藩翼之卫。陈、吴奋其白挺，刘、项随而毙之。故曰，周过其历，秦有及期，国势然也"①。这就是说，秦王政自己为皇帝，而子弟为普通百姓，在内没有骨肉亲人相辅佐，在外没有子孙党羽之护卫。所以陈涉、吴广不过是暴民起事，刘邦、项羽随后就灭亡秦帝国。所以，有人说，周朝能够延续数百年，而秦帝国只能维持几十年，就是因为其国家体制分别实行了分封或者郡县制度的原因。

早在公元前206年刘邦、项羽灭秦之时，楚霸王项羽有绝对实力再次统一天下。但是，由于深受分封制的影响，他不愿意做秦始皇重建一个统一的帝国，同时又顾忌现实，知道也不能再回归实行周王朝的王政，于是，项羽决定调和现实，折中古今，选择第三条道路，在中国历史上首次实行了霸王支持下的封王建国。项羽自封为西楚霸王，王九郡，都彭城。然后，他将剩下的天下分封给在灭秦战争中立下汗马功劳的十八个诸侯王。项羽的这种

① 《汉书·诸侯王表序》。

分封建国，表面上看兼顾到了当时的历史传统、政治实际情况以及人心的取向，但是这种不伦不类的政治模式根本就不可能长久。它既不优越于秦始皇创建的中央集权的郡县制度，也没有周王朝分封时的那种大气和王气的约束，而只是一个松散的暂时的独立政治联盟体。很快，当项羽的军事实力虚弱之际，便是各诸侯王重新开战之时。

公元前 202 年，当刘邦最后战败项羽建立汉家天下后，他借鉴秦始皇因郡县而亡、项羽又因分封而灭的教训，调和二者，采用了以郡县制为主、封国制为辅的政治模式。很快，他又翦除了异姓诸侯王而以刘氏同姓诸侯王代替之。

刘邦以为，如此天下就能永享太平，然而，那也仅仅是一厢情愿。刘邦一死，先是吕后杀刘姓王，封吕姓子弟为王，后有周勃等人以非刘姓为王"天下共伐诛之"①为由，发动宫廷政变，杀吕姓，立刘姓为王。然而，没过多久，这些刘姓的王子皇孙们，小者违法乱纪，荒淫无度，大者图谋不轨，犯上作乱。惠帝、文帝、景帝时期，诸侯王叛乱不断发生。

文景之时，朱虚侯刘章和东牟侯刘兴居，这两个刘邦的子孙虽有反吕之功，但因他们曾有拥戴齐王刘襄为帝的打算，所以汉文帝即位以后，对他们没有以大国作为封赏，只是让他

---

① 《汉书·高帝纪下》。

们各自分割齐国一郡，受封为城阳王和济北王。城阳王刘章不久死去。济北王刘兴居于文帝三年乘汉文帝亲自领兵攻打匈奴的机会，发兵叛乱，欲袭荥阳，事败自杀，于是，汉文帝趁机废除了济北国。文帝六年，淮南王刘长谋反，被废徙蜀，死于道中。

继承汉文帝皇位的汉景帝，同样每天都在应付危局，最后还是爆发了"七国之乱"。

"七国之乱"是以刘邦之侄吴王刘濞为首，联合其他同姓王发动的一次大规模的足以撼动国本的大叛乱，起因是汉景帝和晁错欲削他的会稽和豫章两郡。刘濞就乘机串通楚、赵、胶西、胶东、淄川、济南六国的诸侯王，联合发动了这场叛乱。

刘濞发兵 20 万，号称 50 万，又派人与匈奴、东越、闽越贵族联络，"以诛错为名"①，举兵西向。叛军顺利地打到河南东部。汉景帝惶恐，杀晁错，希望刘濞退兵。刘濞不仅不退兵，还公开声言要夺取皇位，直到此时，汉景帝才决心以武力平叛。他命太尉周亚夫与大将军窦婴率军，以奇兵断绝了叛军的粮道，用了三个月的时间，大破叛军。刘濞逃到东越，为东越人所杀。其余六王皆自杀，七国遂皆被废除。

七国之乱的平定和诸侯王权力的削弱，基本改正了刘邦实行

---

① 《史记·袁盎晁错列传》。

诸侯王制度所产生的弊病，进一步加强了中央集权制度，叛乱平定之后，汉景帝痛定思痛，下决心效法秦始皇废除分封，把行政区划体制又完全恢复到原来秦始皇制定的框架中来。到汉武帝时，通过颁布推恩令，将诸侯王的权力进一步分散。这之后，汉代才最终完全承袭了秦代的郡县设置。

四、汉帝国继承发展了秦帝国的官吏选任制度

秦国官吏的选任主要有荐举与征召两种方式。

所谓荐举，主要是中央与各郡长官定期或不定期地向国君推荐人才。

所谓征召，即是对全国特别有名望的人才，由皇帝派专人去聘任。

《史记》中说，叔孙通"秦时以文学征待诏博士"①。叔孙通因为文章和学问，被征召为待诏博士。

秦始皇统一六国后，除了继续使用上述两种方法外，特别注重通晓法律和绝对服从皇帝意志的人才。

汉初，统治者完全沿袭了秦帝国的人才选拔方式。刘邦曾于汉十一年下诏："盖闻王者莫高于周文，伯者莫高于齐桓，皆待

———————

① 《史记·叔孙通列传》。

贤人而成名……贤士大夫有肯从我游者，吾能尊显之。"[①] 文帝时，下诏举贤良方正。武帝以后，又有秀才、孝廉之选。

但是，由于西汉至武帝时儒家思想开始成为统治阶级的重要的意识形态，选官制度因为受儒家思想的影响而缺乏了像秦帝国时期那样的法制化，任人唯亲、任人唯私的现象开始抬头，其结果如何，不再像秦朝那样要严格受到法律的追究。

五、汉帝国沿袭了秦帝国的监察制度

秦帝国建立了中央监察机关——御史府，亦称御史大夫府、御史大夫寺。御史府的主管是御史大夫，其职位相当于副丞相，具有皇帝秘书性质，并有监察百官之责。秦始皇时代，御史大夫还拥有司法审判之权。《汉书·百官公卿表》说："御史大夫，秦官，位上卿，银印青绶，掌副丞相。"另外，秦御史府中还设有御史中丞，直接辅助御史大夫监察百官。

秦统一后，在郡一级普遍设置了监郡御史，监郡御史隶属于御史大夫。他的主要任务是代表皇权监察地方官吏。由此可见，秦朝已从中央到地方普遍设置御史司监察，并置御史大夫府为中央监察机构，这标志着秦朝以御史制度为主体的监察制度已经确立。

---

① 《汉书·高帝纪下》。

汉代的监察制度与秦朝一脉相承。

在地方，汉高祖刘邦放弃了对地方的监察。"秦有监御史，监诸郡，汉兴省之。"[1]然而这一废置，导致了地方吏治的日趋腐败。鉴于这样的教训，惠帝三年（公元前192年），汉帝国又部分地恢复了地区御史监郡的制度。

汉武帝时期，废除了监郡御史，改为设立十三部刺史，驻当地专司监察地方。

班固说："武帝元封五年初置部刺史，掌奉诏条察州，秩六百石，员十三人。"[2]

十三部刺史皆隶属于中央最高监察机关御史府，有御史中丞具体督管，在地方设有固定治所。十三部刺史的设立，虽然改变了秦代地方监察头绪过多，不利于上通下达的问题，也造成了新的问题，那就是十三刺史权力过大；一人掌握几个郡官员的生杀大权，容易产生腐败和冤案。

由于御史大夫常因身兼副丞相职务而忙于政务，行政权日重，检察权日轻。而名义上属御史大夫领导的御史中丞因为和皇帝接近等特殊原因成为皇帝的耳目，不仅一般地承担纠察百官的任务，而且可以受皇帝之命监察其上司御史大夫，逐渐演变成为专职的

---

[1]　《后汉书·百官志》。

[2]　《汉书·百官公卿表》。

最高检察官。

从西汉末年到东汉初年，监察组织发生变化。御史大夫改称大司空后，不再担任监察的任务。与此同时，御史台作为独立执行监察的职能机构登上了中国的历史舞台，这标志着监察权开始同行政权分离。

总而言之，帝国的监察制度始于秦始皇，经过汉代的承袭和完善，趋于成熟。其后，虽经两千多年各朝代的损益，并没有发生实质性的变化，很多合理的东西甚至一直沿用至今。

六、汉代还承袭了秦朝的赋税制度

秦始皇统一后，对赋税制度进行了统一和改革。公元前216年，命全国各地自报占有田亩数目，即文献记载的"令黔首自实田"[①]制度。这是我国历史上在全国范围内实行土地登记制度的开始。民众有纳税，服徭役、兵役的义务。

汉代承袭秦朝这一制度，并发展成一套完整的封建管理制度和赋税制度。秦帝国的《田律》《仓律》和《徭律》，主要征收田赋、户赋和口赋。汉朝在这三律的基础上又增加了《田租税律》和《盐铁税律》等税收法规。另外汉代实行了编户齐民制度，登记人口，加强对全国各地的人口管理。这种制度，更加有利于国家对农民

---

① 《史记·秦始皇本纪》裴骃《集解》。

征收赋税和徭役。

汉高祖刘邦建国初期，曾实行轻徭薄赋政策，改秦代田租十税一为十五而税一。随着时间的推移与社会发展的需要，统治者又将田租恢复为十税一。汉惠帝即位后又恢复为十五税一。汉文帝二年，为了鼓励农民生产，减收当年天下田租之半。此后，由于实行重农积粟政策和募民入粟赐爵政策，国家掌握的粮食大大增加。汉文帝于十二年再次减收天下田租之半，十三年又完全免除民田的租税，以鼓励农业生产。到汉景帝二年又恢复征税，正式规定三十税一。到了东汉光武帝初年，田租又恢复为十税一。

总的看来，汉代承袭秦代的赋税制度，并发展为灵活的征收方式，以适应国家发展和朝廷政策的需要，这是一个进步。

七、汉帝国基本沿袭了秦帝国的礼仪制度

在中国古代社会，礼仪制度是区别上下、贵贱、尊卑的等级制度的一项重要内容。在行政权力支配社会的历史条件下，用礼仪制度来区别和规范官员之间的身份与交往的方式往往显得十分的重要。因为，在人们看来，享受不同的礼仪是一个人的权力、地位、尊严以及富贵荣华的特殊象征。

历史的事实是最好的答案。

汉代的礼仪制度基本上沿袭了秦朝制度，即使有所损益，其基本原则也毫无变动。

大秦帝国建立后，为了显示气派，区别尊贵，秦始皇为上至皇帝，下至百姓，制定了一整套规模宏大的礼仪制度。汉代秦后，对于秦帝国的礼仪制度在艳羡的同时，统治者基本上采取了照单全收的政策。

班固说："高祖时，叔孙通因秦乐人制宗庙乐。"又说："汉兴，拨乱反正，日不暇给，犹命叔孙通制礼仪，以正君臣之位。高祖说而叹曰：'吾乃今日知为天子之贵也。'"① 可见，汉帝国建立后，君臣尊卑的朝堂礼仪、宗庙礼仪、宫室制度以及宫廷内部的繁琐礼仪等皆沿袭秦朝。司马迁为此总结道："自天子称号下至佐僚及宫室官名，少所变更。"②

八、汉帝国对秦帝国的法律、德运、历法、风俗等也都加以承继

汉初七十年法律，多依秦旧制。顾炎武说："汉兴以来，承用秦法，以至今日者多矣。"③ 陈寅恪说："汉承秦业，其官制法律亦袭用前朝。遗传至晋以后，法律与礼经并称，儒家周官之学说采入法典。"④ 据史料记载：汉丞相张苍好律历，专门遵用秦朝的《颛顼历》。他"以为汉乃水德之时，河决金堤，其符也。年

① 《汉书·礼乐志》。
② 《史记·礼书》。
③ 《日知录·会稽山刻石条》
④ 《金明馆丛稿二编·冯友兰中国哲学史下册审查报告》。

始冬十月，色外黑内赤，与德相应"①。

汉朝的风俗也沿袭了大秦帝国。西汉思想家贾谊、董仲舒等人都认为：秦朝的"遗风余俗"，在汉朝皆"犹尚未改"。其实，汉帝国本来就是从秦帝国脱胎而来，时间距离又不太长，生活习俗、风俗习惯沿袭秦朝也是一件自然而然的事情。②

总的看来，汉帝国对秦帝国的继承是一种全方位的继承，也是一种发展性的继承。这种继承的特点表现在：秦开其端，汉总其成。秦帝国虽然夭亡，但其灵魂犹存，通过大汉帝国之身，它又变相地得以复活。从这个意义上讲，大秦帝国就如一只涅槃的凤凰，在经过一场血与火的战争考验后又再次以汉帝国之身得以再生。

从历史的发展来看，秦帝国的夭亡，主要不是因为其政治制度、文化、理念、治国模式的错误导致，而是最高统治者的个人行为之失所引发。因此，汉承秦制是西汉统治者的一种明智的选择。通过继承前朝的一切优秀、合理的东西，汉王朝迅速迎来了它的盛世。

汉承秦制具有系统性。大到政治制度、治国模式、疆域区划，小到许多具体的习俗、礼仪、文字、度量衡等等，基本上采取是全部的拿来主义。这表明，从秦至汉，整个政治制度及其社会文化体系是一种比较完整的继承关系，在一切主要方面都没有发生

---

① 《汉书·郊祀志上》。

② 参引张分田：《秦始皇传》，人民出版社2003年版，第650—655页。

断裂。继汉之后，魏晋又承继汉制，以后，隋唐宋元明清各代一脉相承，"秦政"历经二千年而香火不断。

汉承秦制，或有改良，或有发展，主要还在于继承。自秦汉而后，历代王朝代代相传，大一统的中华帝国更加牢固，疆域更加辽阔，经济实力提高，人口数量增加。汉之后或有短暂的分裂，终归一统；或有偏远异族的入侵，终被汉化。

由此，一个问题就必须做答：大秦帝国灭亡了吗？我想，如果抛开宗法观念上的家天下尺度，或嬴氏，或刘氏，或曹氏，或司马氏，或杨氏，或李氏，或赵氏，或朱氏，或爱新觉罗氏，秦始皇开创的大一统的中华帝国，随着时代的变化，经历了不同姓氏皇帝的统治，一直在不断完善、发展、富裕、强大。直到近代西方文化独领世界风骚，中国被迫被纳入世界政治、经济、文化圈后，中华帝国才像步履蹒跚的老人一样在 1912 年从形式上宣告寿终正寝。但是，它所引领的中华政治制度、治国理念、法制文化、大一统观念等依然存在，并且在激励中华民族挺起腰杆去实现新的伟大的复兴。

人生有起伏，国家有兴衰。"江山代有才人出，各领风骚数百年。"[1] 时至今日，大一统的中国，面临着又一次崛起的机遇，它必将以一个全新的，前所未有的姿态，重新崛起在世界的东方，

---

[1] ［清］赵翼：《论诗》。

屹立于世界民族之列，给世界和人类带来更大更深远的影响。

在前人开辟的事业的基础上，大国之梦不再遥远。

汉高祖刘邦在楚汉战争时，历数了项羽的罪行有十条。汉代的统治者以及汉代思想家对秦政的指控也有十条之多。千百年来一提到秦政，好像一个凶神恶煞立刻出现在面前。这同汉人对秦始皇过多的指控和渲染有关。

一曰"繁法严刑"。刘邦召来各县的父老豪杰等，首先宣告秦朝的"繁法严刑"。他说："父老苦秦苛法久矣，诽谤者族，偶语者弃市。"[1]汉初的贾山说：秦"不笃仁义，故天殃已加矣"[2]。扬雄说得更明白："秦王之法度负圣人之法度，秦弘违天地之道，而天地违秦亦弘矣。"[3]贾谊也说："秦之盛也，繁法严刑而天下振；及其衰也，百姓怨望而海内畔矣。"[4]对秦的刑法作必要的批评是应该的，但这里是一概抹杀，对秦始皇完备法制，"一断于法"的方面不加应有的肯定也是不妥的。

二曰"赋敛无度"。贾谊指出："赋敛无度，天下多事，吏弗能纪，百姓困穷而主弗收恤。"[5]班固指出："至于始皇……收

---

[1]　《史记·高祖本纪》。

[2]　《汉书·贾山传》。

[3]　《法言·寡见》。

[4]　《史记·秦始皇本纪》。

[5]　《史记·秦始皇本纪》。

泰半之赋,发闾左之戍。男子力耕,不足粮饷,女子纺绩,不足衣服。竭天下之资财以奉其政,犹未足以澹其欲也。海内愁怨,遂而溃畔。"① 这的确是秦始皇的一大失误,打了那么多年仗,急于事功,造成民穷财尽,这也是秦亡的重要原因之一。

三曰"徭役繁重"。班固指出:"秦王贪狠暴虐,残贼天下,穷困万民,以适其欲也。……秦始皇帝以千八百国之民自养,力罢不能胜其役,财尽不能胜其求,一君之身耳,所以自养者驰骋弋猎之娱,天下弗能供也。劳罢者不得休息,饥寒者不得衣食,亡罪而死刑者无所告诉,人与之为怨,家与之为仇,故天下坏也。②'至秦……'又加月为更卒,已复为正一岁,屯戍一岁,力役三十倍于古。"③

四曰"刑罚酷虐"。晁错对秦始皇的评论是:"法令烦憯,刑罚暴酷,轻绝人命,身自射杀,天下寒心,莫安其处。"④ 贾谊也说:"秦王置天下于法令刑罚,德泽亡一有,而怨毒盈于世,下憎恶之如仇雠,祸几及身,子孙诛绝。此天下之所共见也。"⑤

五曰"暴兵露师"。主父偃评论说:"昔秦皇帝任战胜之

---

① 《汉书·食货志》。
② 《汉书·贾山传》。
③ 《汉书·食货志》。
④ 《汉书·晁错传》。
⑤ 《汉书·贾谊传》。

威……暴兵露师十有余年，死者不可胜数。"① 汉人对秦始皇穷兵黩武的指控甚多。严安评论说："秦贵为天子，富有天下，灭世绝祀者，穷兵之祸也。"② 伍被也指出：秦始皇"遣蒙恬筑长城，东西数千里，暴兵露师，常数十万，死者不可胜数，僵尸千里，流血顷亩，百姓力竭，欲为乱者十家而五"③。这种指责也有点过分。秦在统一中和统一后，有些战争是必要的，也有一些是不必要的，但大多数是必要的，是一种争取和巩固统一的战争。

六曰"吏治刻深"。贾谊在评论秦始皇的吏治时说："吏治刻深，赏罚不当。"④ 晁错说："奸邪之吏，乘其乱法，以成其威。狱官主断，生杀自恣。"⑤ 还说："秦始乱之时，吏之所先侵者，贫人贱民也；至其中节，所侵者富人吏家也；及其末涂，所侵者宗室大臣也。是故亲疏皆危，外内咸怨。"⑥ 范阳人蒯通对范阳令说："秦法重，足下为范阳令十年矣，杀人之父，孤人之子，断人之足，黥人之首，不可胜数。然而慈父孝子莫敢倳刃公之腹中者，

---

① 《史记·平津侯主父列传》。
② 《史记·平津侯主父列传》。
③ 《史记·淮南衡山列传》。
④ 《史记·秦始皇本纪》。
⑤ 《汉书·晁错传》。
⑥ 《汉书·晁错传》。

畏秦法耳。"①

　　七曰"废先王之道"。伍被评论说："昔秦绝先王之道，杀术士，燔《诗》《书》，弃礼义，尚诈力，任刑罚。"②董仲舒评论说：秦"师申、商之法，行韩非之说，憎帝王之道，以贪狼为俗，非有文德以教训于下也"③。贾谊评论说："秦王怀贪鄙之心……废王道，立私权，禁文书而酷刑法，先诈力而后仁义，以暴虐为天下始。"④这一点，最值得研究。所谓"先王之道"要作具体分析，有的是符合时代需要的，有的则不是。秦始皇的"废先王之道"不少是有益于统一和社会进步的，不应否定而恰恰应加以适当肯定。

　　八曰"焚百家之言"。贾谊评论说："及至秦王……废先王之道，焚百家之言，以愚黔首。隳名城，杀豪俊，收天下之兵聚之咸阳，销锋镝，铸以为金人十二，以弱黔首之民。"⑤焚书坑儒尽管主观上是为了统一思想，但使用的方法是粗暴和残忍的，后果也极坏，当然不足取。

　　九曰"多忌讳之禁"。贾谊说："秦俗多忌讳之禁，忠言未

① 《史记·张耳陈余列传》。
② 《史记·淮南衡山列传》。
③ 《汉书·董仲舒传》。
④ 《史记·秦始皇本纪》。
⑤ 《史记，秦始皇本纪》。

卒于口而身为戮没矣。故使天下之士，倾耳而听，重足而立，钳口而不言。是以三主失道，忠臣不敢谏，智士不敢谋，天下已乱，奸不上闻，岂不哀哉。"①在秦始皇时代，忌讳甚多，忠言还未说完，却已经被杀戮了。忌讳多所带来的恶果是：忠贞的臣子不敢向他劝谏，智慧的士人不敢为他谋划，天下已经大乱，皇帝还不知道，实在太悲哀了。这可能点到了秦始皇的要害处，也是他的悲剧之所在。

十曰"足己不问"。贾谊说："秦王足己不问，遂过而不变，二世受之，因而不改，暴虐以重祸。"②认为秦始皇居功自傲，自我陶醉。司马迁评论说："始皇自以为功过五帝，地广三王，而羞之与俦。"③秦始皇自以为功劳比五帝还大，领土比三王还广，司马迁认为秦始皇如此和三王五帝相比，是不知羞耻之事。

以上十条是汉人的公论，其中涉及政治理念、政治制度、政治方略、政策原则和具体操作等，几乎包括了秦政的各个方面。既然汉从亡秦而来，总结亡秦之鉴虽然有过度之嫌，但也可以理解。

大汉帝国是在明确借鉴秦帝国的政治得失的情况下才取得巨大成功的。

---

① 《史记·秦始皇本纪》。

② 《史记·秦始皇本纪》。

③ 《史记·秦始皇本纪》。

大秦帝国是中国君主专制的初次实验，它虽然庞大与辉煌一时，但毕竟短命而亡。这面明镜，一方面在提醒后代政治家们要以大秦雄风为榜样去续写历史的辉煌，另一方面更提醒他们要注意去研究总结秦短命夭亡的血的教训，避免历史覆辙重蹈。

亡秦之鉴的教训是深刻的，对后世的影响是巨大的。

汉高祖刘邦目睹了秦帝国大厦坍塌的全部过程，他本人即是它的最成功的破坏者之一，因而，这位汉帝国的创始人及其后代继承者就更有一番痛彻肺腑的体会与见解。这样，在汉取代秦后，汉帝国的统治者们就在继承秦政的同时，又特别借鉴秦亡的教训，在如下方面特别加以了调整。

（一）马上打天下，不再用马上治天下。由法家一尊变成儒、法两家并驾齐驱，甚至是儒家一花独秀。

大秦帝国执着于倡导与实施绝对君权的法家学说。从公孙鞅开始，法家治国就逐渐成为秦国政治的绝对发展方向。秦始皇统一六国后，不是在长期大规模战争洗涤后采取与民休息、恢复经济的政策，而是将法家学说在政治上推向了极端。它"别黑白而定一尊"，一切"事皆决于法，刻削毋仁恩和义"[①]。到继任者二世皇帝时，更是把法家学说发展为"督责之术"，使法家学说的

———————————

① 《史记·秦始皇本纪》。

负面效应发展到了极致。"秦任刑法不变，足灭赵氏。"①大秦帝国短命而亡的历史教训充分表明，把法家作为国家唯一的政治统治思想是件行不通的事情。血淋淋的教训教育了大汉统治者，要想在夺取天下后达到长治久安，就必须要补救秦朝暴政之弊，社会更需要休养生息。因此，汉初统治者一改秦单一的以法家治国的办法，在思想文化统治上面动用脑筋，采取了相对宽松的统治政策，以黄老思想居支配地位，杂以其他各家有用的主张，多元并存，诸子百家学说遂又呈现出复兴的趋势。

汉武帝时，社会经济充分发展，国家统治已经稳定下来，探索一套长远有效的治国思想的任务便被提上了日程。在这种情况下，大汉帝国"罢黜百家，独尊儒术"。从此，儒家的准则被法律化并得到了其后历代王朝的支持与采用。以此为标志，阳儒阴法，儒法并用的霸、王道之术就成为历代统治者执政的二柄。

历史的经验告诉我们：

秦皇以"焚书坑儒"而失败；

汉武以"独尊儒术"而成功。

事实上，无论秦皇还是汉武，其目的是相同的，那就是要禁绝异端，统一思想，维护统治者的绝对权威，以让自己的皇朝千秋万代地传承下去。不过，手段不同，效果也就大相径庭。秦皇

---

① 《史记·郦生陆贾列传》。

以暴力高压而败，汉武以"学而优则仕"的利诱却取得了巨大的成功。二者出发点并没有差别，只不过是老子的"柔弱胜刚强"的道理在这里起了绝对的作用而已。

（二）君主权力应当适度制约。

阿克顿（Acton）说过："权力导致腐败，绝对的权力导致绝对腐败。"[1] 秦始皇统一六国，建立了全国统一的中央集权的君主专制政权，把国君的权力提高到了无以复加的地步。失去任何约束力的权力，必定是滋生腐败的肥沃土壤。统一六国前，嬴政尚能以法行政；六国一统后，他便变得意得欲从，刚愎自用，滥施国家的权力。结果，他无所顾忌，任意妄为，"竭天下之资财以奉其政，犹未足以澹其欲也"[2]。"二世皇帝，势为天子，富有天下……然纵耳目之欲，穷奢靡之变，不顾百姓之饥寒穷匮也。"[3] 绝对的权力让秦皇父子把人的残忍自私、欲壑难填等劣根性的一面肆无忌惮地展现了出来。"政者，正也。其身不正，虽令不从。其身正，有令必从。"[4] 君王权力的无限滥用，不仅让下层民众在水深火热的境遇中无法再生活下去，而且让统治阶级也人人自危，恐惧不知明日所终。君权的无限滥用的结果，一是让始皇帝断子

---

① ［英］阿克顿著：《自由与权力》，译林出版社2011年版，第342页。

② 《汉书·食货志》。

③ 《淮南子·兵略训》。

④ 《论语·子路》。

绝孙；二是导致秦帝国基业灰飞烟灭。

大秦帝国短命而亡的教训深刻地教育了后世历代执政者，他们鉴于秦亡之惨烈，从汉代开始，政界人物与思想家便开始寻求出路，在绝对维护君主权威的条件下，用"天命"与道德观念来教育与约束君主，从而让天子认识到"天命无常，唯德是辅"的准则，让他们明白"百姓，水也；君，舟也。水能载舟，亦能覆舟"的深刻道理。从而不敢去无限地膨胀个人的野心与私心，从而防止因君权走向极端而导致国家政权的彻底失控。

这样，从汉代开始，周文化又逐渐开始复兴，用儒家思想治国便被统治者提上日程并最终固定下来。

汉代大思想家董仲舒在君主之上，抬出了"天"的概念。他指出，君主是上天安排来统治万民、管理天下的。但是，他的行为只有在体现天意的条件下，才能得到上天的庇护；否则，悖逆天意，便会导致天怒人怨，从而让自己的统治走向灭亡。董仲舒用"天人感应"的学说，用阴阳谶纬的技巧，让统治者相信天命，惧怕天威。

客观上讲，董仲舒的这套"君权天授"主张，对中国传统政治的影响是深远的，历代正史中层出不穷的《五行志》《灾异志》《祥瑞志》等等的记载，就充分反映了这一点。历代大臣也往往以"天谴说"为武器，利用大自然的灾异来警戒皇帝，让君主们去节制个人的私欲，努力做到亲贤臣，远小人，轻徭薄赋，赈灾安民。

事实上，翻开一部二十四史，其中的记载表明，在大多数情况下，皇帝因为惧怕天威，对大臣们的劝谏还会加以考虑或者接受的，这对限制君主行政的随意性、无序性、野蛮性，改善王朝政治，稳定社会局面，发展农业生产等等还是起到了一定的积极作用的。

鉴于秦朝皇帝蔑视道德的错误做法，董仲舒主张用"天人感应"说去有限地限制君主外，还主张皇帝不仅是天下万民之主，而且应当以道德修身，成为天下万世的师表。这种主张也为自汉代以后历朝统治者所接受。自汉代开始，历代君主都十分重视后继者的培养与教育。他们往往严格选拔教师，挑选学伴，指定教材，力图使皇子从小接受封建的正统教育。这种把君主的个人修养、品德与行为看作天下万民的表率与社会稳定和发展的重要方面的做法，显然是封建统治者聪明地汲取了秦亡的历史经验与教训，努力避免因自己权力失控而可能给皇家与王朝带来的灭顶之灾。

（三）民本思想得到有限的回归。

在我国历史上的周文化中，以民为本的思想占着一定的地位。

战国时期，齐国大政治家管仲就说："夫霸王之所始也，以人为本。本理则国固，本乱则国危。"[1]

战国时期，儒家思想主要代表人物孟轲更是旗帜鲜明地提出：

---

[1] 《管子·霸言》。

"民为贵，社稷次之，君为轻。"①

秦国统一六国前夕，吕不韦组织门人撰写《吕氏春秋》，主张集各家力量，形成一个新的治国模式。

吕不韦在《吕氏春秋》中明确指出："天下，非一人之天下，天下人之天下也。"② 只不过，由于他与秦王嬴政的个人恩怨与治国主张的分歧，在他死后，他的主张徒成一纸空文而已。

以民为本，就是要执政者关心民众的疾苦，重视民众的力量，保护民众的生活稳定与个人幸福的获得，以争取得到民众的拥护。

秦始皇父子完全无视民众的意愿与存在，不顾百姓的死活，自以为大权在握，就可以无法无天，随心所欲，结果，事物的发展必然走向反面。据司马迁记载，始皇父子为所欲为的结果是"家自为怒，人自为斗，各报其怨而攻其仇"③。这种不顾人民死活的做法，终于导致百姓揭竿而起，不可一世的大秦帝国便迅速被民众反抗的熊熊烈火所湮没。

秦亡的教训，给后世执政者以极大的震撼，让他们不能不加以警戒，不得不对民众的力量与作用重新加以认识，从而在心目

---

① 《孟子·尽心下》。

② 《吕氏春秋·贵公》。

③ 《史记·张耳陈余列传》。

中给民众以应有的地位与重视。"天视自我民视，天听自我民听"①的理论与主张，从此得到历代士大夫与执政者们的接受与认可，让他们在施政中注意关怀民众的疾苦问题，从而使自秦朝断代了的民本思想从此得到了有限的回归。

汉初，政论家贾谊在总结秦亡的历史教训时就特别认识到了民本思想的重要。他认为："闻之于政者，民无不为本也。国以为本，君以为本，吏以为本，故国以民为安危，君以民为威侮，吏以民为贵贱，此之谓民无不为本也。"②自汉高祖刘邦开始，历代有为之君无不把安定民生放在关乎朝代盛衰兴亡的高度上加以考察。从而在一定范围内与不同程度上制定与实施与民休息、发展经济的政策，让中国社会不断向前发展。

据《史记·孝文本纪》中记载，汉文帝在位时，"宫室苑囿狗马服御无所增益，有不便，辄弛以利民"。汉文帝原准备修建露台，但经过工匠计算，要耗掉百金之费，考虑到这相当于十户中等人家家产的耗费，他就果断地停止了这项工程。这位以节俭著称的汉代帝王，还多次下令减免百姓的赋税，给民众以更多的休养生息的时间。他的继承者汉景帝，也效父风，重视民间疾苦和经济恢复与发展的工作，结果，中国历史上的汉盛世——文景之治由

① 《尚书·泰誓》。
② 《新书·大政》。

此开创。

在中国历史上，汉唐往往在史家的笔下联结在一起。这是因为汉唐盛世是中国数千年历史发展的两大高峰。

唐帝国之所以能取得成功，是与其缔造者唐太宗李世民以秦、隋之亡为鉴分不开的。

> 秦始皇营建宫室，而人多谤议者，为循其私欲，不与众共故也。朕今欲造一殿，材木已具，远想秦皇之事，遂不复作也。[1]

秦皇只顾个人享乐而压榨百姓、导致亡家亡国的教训被唐太宗当成了一面镜子，这是大唐能够迅速开出盛世，气象宏大的原因之一。

秦皇以民众为刍狗，结果民众以秦皇为仇雠。唐宗以民众为动力，民众以唐宗为共主。以民为本还是以君主为本，国家成败，皇朝安危一系于此，这是一条重要的历史启示。

（四）对待边疆民族由武力相逼转变为和亲羁縻。

秦始皇统一中国，认为"六合之内，皇帝之土。西涉流沙，南尽北户。东过大海，北过大夏。人迹所至，无不臣者。功盖五帝，泽及牛马。莫不受德，各安其宇"[2]。对于不臣服的边疆民族，秦

---

① 《贞观政要·论俭约》。

② 《史记·秦始皇本纪》。

皇采取了武力征服的单一手段。当时，秦始皇派蒙恬将兵北去击匈奴，修筑万里长城；南使尉屠睢率楼船之士征伐南越。

"当是时，秦祸北构于胡，南挂于越，宿兵无用之地，进而不得退。行十余年，丁男被甲，丁女转输，苦不聊生，自经于道树，死者相望。及秦皇帝崩，天下大叛。"[1]崇尚武力，敌视和轻视少数民族，不惜代价地用战争手段加以打击，严重动摇了大秦的国本，这是导致秦帝国迅速走向灭亡的重要因素之一。

汉代秦后，统治者总结了秦朝在民族政策上的教训，确定了对少数民族的团结政策。汉唐虽为中国数千年两大盛世朝代，但统治者并不主张动用国力，用武力去逼迫边疆民族，他们往往采取和亲团结政策，达到内省民力，外让边疆民族政权倾心相服的效果。此后从汉至清，中国历代王朝统治者的和亲团结的民族政策基本上是稳定、长期而有效果的。昭君出塞、文成公主、金城公主和亲，清代皇室与蒙古王公的联姻，等等，都是在借鉴秦亡教训中制定出来的明智政策。

第三节 "霸王道杂之"的汉家制度

"霸王道杂之"是汉宣帝刘询提出的一个著名论断。

----

[1] 《史记·平津侯主父列传》。

据《汉书·元帝纪》记载："孝元皇帝，宣帝太子也。……壮大，柔仁好儒。见宣帝所用多文法吏，以刑名绳下，大臣杨恽、盖宽饶等坐刺讥辞语为罪而诛，尝侍燕从容言：'陛下持刑太深，宜用儒生。'宣帝作色曰：'汉家自有制度，本以霸王道杂之，奈何纯任德教，用周政乎！且俗儒不达时宜，好是古非今，使人眩于名实，不知所守，何足委任！'"这里就直接提出了汉代的治国方略——"霸王道杂之"。

宣帝虽然明确地提出了这一治国方略，而事实上，"霸王道杂之"这样的思想从刘邦夺取天下时就已经有萌芽。

刘邦虽是武人，马上夺天下，但从夺天下时就不自觉地兼用霸、王之道。

皇甫谧在《帝王世纪》说："观汉祖之取天下也，遭秦世暴乱，不偕尺土之资，不权将相之柄，发迹泗亭，奋其智谋，羁英雄鞭驱天下。或以威服，或以德致，或以义成，或以权断，逆顺不常，霸王之道杂焉。"

虽然其后在惠帝、高后、文、景之世一方面皆实行黄老无为之治，重长者，但这并不意味着儒学在汉初销声匿迹。另一方面，"汉承秦制"，法家思想一直在政治实践中继续发挥作用。

事实上，从汉初开始，儒学就在民间开始逐步复兴。汉初统治者不断地受到儒家经典的熏陶，思想观念逐渐发生变化。

刘邦登上皇帝宝座后，不断在反思自己之所以得天下的原因，他在执政过程中，对儒学和儒生的态度也逐渐发生了变化。最明显的事例就是他起用儒生叔孙通制定朝仪，确立君臣尊卑秩序；任用叔孙通为太子太傅，将培养汉室接班人的重任交给了儒者；礼遇儒家创始人孔子，"汉十二年，过鲁，以大牢祠孔子"[①]；晚年还曾写《手敕太子》的诏书，追悔自己过去对待儒学的错误态度，承认自己"追思昔所行，多不是"[②]。到汉武帝时，国力强盛，"国家的时新派政策以更强有力的形式出现；一个虔诚的《道德经》是很难赞同国家朝积极的和扩张主义的政策方向作明显的转变的"[③]。在这种情况下，汉武帝刘彻接受儒者董仲舒的建议，明确推行"罢黜百家，独尊儒术"的政策，将儒学作为治理国家的理论，使儒学成为汉代统治者的指导思想。汉武帝提倡儒家孝道，注重以儒家的道德标准选拔人才，重视教化。从汉代开始，尊儒政策成为此后两千多年历代封建王朝意识形态的模式。

与此同时，为了维护中央集权的大一统，汉武帝除用德治外，还必须使用法治。在汉代政治文化整合过程中，以黄老、法家、儒家为主要派别的诸学一直进行着复杂的文化调整与整合。

汉武帝实际上可以说是一个儒法并用者。他内虽多欲，却注

---

① 《汉书·高帝纪下》。

② 转引徐复观：《两汉思想史》第2卷，华东师范大学出版社2001年版，第65页。

③ 《剑桥中国秦汉史》，中国社会科学出版社1992年版，第156—157页。

重外施仁义，追求霸主吏事却又注意缘饰以儒术。这样，在他那里，儒为外饰，法为内行；儒为虚用，法为实制。他采纳董仲舒的"举孝廉"的建议，实行察举制度。元光元年，下诏"郡国举孝、廉各一人"。元朔元年，汉武帝又采纳董仲舒、公孙弘的建议："兴太学，置明师，以养天下之士，数考问以尽其才，则英俊宜可得矣。"[①] 在长安设太学，由郡县选择十八岁以上仪表端正、爱好儒学、尊敬长者、遵守法令、行为恭顺的五十人为博士，由五经博士讲授儒家经典，"一岁皆课，能通一艺以上，补文学掌故缺；其高弟可以为郎中"[②]。这样，从中央到地方的官吏都得学习经学，儒学从此成为汉代的统治思想。

另外，汉武帝又不断强化法律制度，在实际政治运作过程中对法术酷吏的信用和放纵也于汉为烈，他"招进张汤、赵禹之属，条定法令"，颁布了苛刻的刑法，"禁罔浸密。律令凡三百五十九章，大辟四百九条，千八百八十二事，死罪决事比万三千四百七十二事。文书盈于几阁，典者不能遍睹"[③]。

有一次，汉武帝招来文学儒者，对着儒生们大谈要准备怎样推行儒道，而这时憨直的汲黯给武帝当面顶撞一下："陛下内

---

① 《汉书·董仲舒传》。

② 《汉书·儒林传》。

③ 《汉书·刑法志》。

多欲而外施仁义，奈何欲效唐虞之治乎！"武帝"怒，变色而罢朝"①。原因就是汲黯说到了他的痛处。这里的"内多欲"乃武帝与法家心理上的共振，"外施仁义"是武帝对儒家的思想上的采用。武帝名曰尊儒，但所信用的乃张汤、杜周、赵禹一班文法酷吏，这些人以经术古义附会当今狱事。即使他所器重的董仲舒、公孙弘、儿宽，虽为儒者，但也是因为他们"通于世务，明习文法，以经术润饰吏事"，所以，"天子器之"②。司马迁对当时的情况描述得更为详细。他说："自公孙弘以《春秋》之义绳臣下取汉相，张汤以峻文决理为廷尉，于是见知之法生，而废格沮诽穷治之狱用矣。其明年，淮南、衡山、江都王谋反迹见，而公卿寻端治之，竟其党与，而坐死者数万人，长吏益惨急而法令明察。当是之时，招尊方正贤良文学之士，或至公卿大夫。公孙弘以宰相，布被，食不重味，为天下先。然而无益于俗，稍骛于功利矣。"③

这也难怪汉武帝，因为在实际政治生活中，儒家的文化政策远不及发家的严刑苛法来得更为立竿见影，见效迅速，"更为主要的原因是在中国古代君主专制的体制背景之下，道德和法都不

---

① 《汉书·汲黯列传》。
② 《汉书·循吏传》。
③ 《史记·平准书》。

过是统治者的为政之具而已"①。

　　范文澜说："武帝表面上尊崇儒家，实际上杀人很多，用的是法家的刑名之学。《公羊传》说：'君亲无将，将而被诛。'意思是说，臣子对君父不能有弑逆的念头，如果有的话，就可以把他杀死。这个论点很合乎武帝随便杀人的意思。"②

　　实际上，对于汉武帝阳儒阴法的这一套做法，历史上很多学者都看得一清二楚。司马光直批评"孝武穷奢极欲，繁刑重敛，内侈宫室，外事四夷，信惑神怪，巡游无度，使百姓疲敝，起为盗贼，其所以异于秦始皇者无几矣"。但他同时也肯定汉武帝"能尊先王之道，知所统守，受忠直之言，恶人欺蔽，好贤不倦，诛赏严明，晚而改过，顾托得人"，认为这就是"其所以有亡秦之失而免亡秦之祸"，"秦以之亡，汉以之兴"③的根本原因。司马光之论，一分为二，客观精当。

　　到了汉宣帝时期，统治者在政治实践中更是自觉地奉行"霸王道杂之"这一汉家制度，进一步实现霸道与王道的相互配合。

　　宣帝少时，受《诗》《论语》《孝经》，因卫太子好《穀梁》而崇其学。他承武帝而尊儒，"宣帝时修武帝故事，讲论六艺群

---

① 关健英著：《先秦秦汉德治法治关系思想研究》，人民出版社2011年版，第188页。
② 《范文澜历史论文选集》，中国社会科学出版社1979年版，第310页。
③ 《资治通鉴·卷第二十二》。

书"①，"招选名儒俊才置左右"②。不仅继续擢进经术之士，而且亲自主持、参与经术活动，曾召诸儒讲五经同异于石渠阁，立大小夏侯《尚书》、大小戴《礼》、施、孟、梁丘《易》《穀梁春秋》博士。宣帝显然充分认识到经术在道德培养、文化教育上的功用和价值，并乐于推行此道。他统治时期，儒生的地位进一步上升。但这并不意味着他必然将国家政治生活领域全面地向经术开放。在他看来，经术自有其划定的适应范围，它不能够也不应该对文法刑政越俎代庖。宣帝在政治上并不纯用儒生、儒术，他因太子"柔仁好儒"，而欲用"明察好法"的淮阳宪王，"乃叹曰：'乱我家者，太子也！'由是疏太子而爱淮阳王，曰：'淮阳王明察好法，宜为吾子'"。③关于淮阳宪王，《汉书·玄成传》说他"好政事，通法律，上奇其材，有意欲以为嗣"。同书《淮阳宪王刘钦传》说："宪王壮大，好经书法律，聪达有材，帝甚爱之。太子宽仁，喜儒术，上数嗟叹宪王，曰：'真我子也！'常有意欲立张婕妤与宪王。"太子专好儒术，而刘钦兼好"经书法律"，宣帝的偏爱清楚地反映他的思想倾向。又《汉书·王吉传》说："宣帝颇修武帝故事，宫室车服盛于昭帝时。外戚许、史、王氏贵宠，而上

---

① 《汉书·王褒传》。
② 《汉书·刘向传》。
③ 《汉书·元帝纪》。

躬亲政事，任用能吏。"他的这种态度和立场，让人觉得空立尊儒之名，实则重用刑法之吏，对此，《汉书》上多有批评，"宣帝不甚用儒"①，"宣帝不甚从儒术，任用法律"②，"宣帝所用多文法吏，以刑名绳下"③，"孝宣之治，信赏必罚，综核名实"④，以至于被臣下讥为"方今圣道浸废，儒术不行，以刑余为周召，以法律为《诗》《书》"⑤。不过，考诸史实，宣帝对文法吏的重用也是当时社会政治事务日趋复杂，行政管理的广度和难度增加的需要。所谓"文吏"，即主管"文史法律"方面事务的吏员，他们负责案治律令、考核狱讼、办理文书簿记，乃至处理与官场逢迎、对答等有关的日常公务。其中法律事务占据着核心、要害的位置，"文吏治事，必问法家。县官事务，莫大法令。必以吏职程高，是则法令之家宜最为上"⑥。文吏可以说是汉代政治运作过程中所一直依靠的主要力量，也是汉初国家政治——法律制度建设的主要力量。统治者不得不依赖他们来进行具体的政治操作。不过，与汉武帝重用文吏中的酷者相比较起来，汉宣帝虽也多用

① 《汉书·匡衡传》。
② 《汉书·萧望之传》。
③ 《汉书·元帝纪》。
④ 《汉书·宣帝纪》。
⑤ 《汉书·盖宽饶传》。
⑥ 《论衡·程材》。

文法吏，却不像武帝那样纵滥法术。无论从思想渊源还是文化素养、人格修养、处世方式、个性气质，文吏与儒生都形成了鲜明的对照，在参与政治过程中，也往往形成了对立。文吏中的极端者就成为酷吏，儒生中进入政治实践的吏员往往就转变成为循吏。汉初随着儒学的复兴，越来越多的儒生进入官僚机构，为汉代政治注入了新鲜血液，提高了官僚队伍的基本素质，更新了汉代吏治的面貌，这实质上是在实践上运用儒法治国进行政治文化整合的主要途径。

宣帝还专门昭示天下，称："夫婚姻之礼，人伦之大者也；酒食之会，所以行礼乐也。今郡国二千石或擅为苛禁，禁民嫁娶不得具酒食相贺召。由是废乡党之礼，令民亡所乐，非所以导民也。"这在强调王道。但王道作为儒家的政治理想和王者的向往，其实效却只能在与霸道的配合中实现。所以，复有言曰："盖闻有功不赏，有罪不诛，虽唐虞犹不能以化天下……或以不禁奸邪为宽大，纵释有罪为不苛，或以酷恶为贤，皆失其中。"①

综上可见，汉宣帝的治国理念即是赏刑并用，法治与德治相配合，走中道。这样看来，宣帝说"汉家自有制度"确实是洞见，以儒、法思想为主体兼用霸王之道，是从汉兴以来一直在积极进行政治文化整合的基本思路，其最终成果就是在武、宣时期基本

---

① 《汉书·宣帝纪》。

形成的"霸王道杂之"的政治文化模式。宣帝上述一番话，反映了中国上古文化经春秋战国的社会变革和秦汉之际的文化变迁，逐步地完成了转型，步入了新的历史航道。

西汉至元帝时，政治又为之一变，由武、宣的儒、法并用转为专意尊儒。元帝"少而好儒，及即位，征用儒生，委之以政，贡、薛、韦、匡迭为宰相。而上牵制文义，优游不断，孝宣之业衰焉"①。元帝所用宰相贡禹、薛广德、韦玄成、匡衡皆一时名儒。元帝以迄成、哀、平帝四朝，尊儒之风愈演愈盛，王莽即借此风势获得社会赞誉，得到儒生的支持，篡位登上中国政治的舞台。

《汉书·王莽传》曰："莽意以为制定则天下自平，故锐思于地理，制礼作乐，讲合六经之说。公卿旦入暮出，议论连年不决，不暇省狱讼冤结民之急务。"

为了模仿周公制礼作乐，王莽让大臣们旷日费时地展开讨论，为了表示对制礼作乐的重视以显现升平气象，他更不惜耗费民脂民膏。他还在京师大兴土木，建筑豪华的九庙，"功费数百巨万，卒徒死者万数"②。

事实表明，王莽改制，实际上是儒家思想运用于现实政治的一次十分极端的行为，它与秦王朝以法家思想为主导而走极端之

① 《汉书·元帝纪》。
② 《汉书·王莽传》。

例构成了遥遥相对的两极。

王夫之在论及汉代政治文化整合过程中这一段历史曲折时，充分地估价了思想学术对政治变革的影响。他说："宣元之季，士大夫以鄙夫之心，挟儒术以饰其贪顽。故莽自以为周公，则周公矣；自以为舜，则舜矣；周公矣，舜矣，无惑乎其相惊如狂而戴之也。当伪之初起也，匡衡、贡禹不度德、不相时，舍本逐末，与明堂辟雍，仿《周官》，饰学校于衰淫之世；孔光继起为伪之魁，而刘歆诸人鼓吹以播其淫响。而且经术之变，溢为五行灾祥之说；阳九百六之数，易姓受命之符，甘忠可虽死而言传，天下翕然信天命而废人事，乃至走传王母之寿而禁不能止。故莽可以白雉、黄龙、哀章铜匮惑天下，而愚民畏天以媚莽。则刘向实为之俑，而京房、李寻益导之以浸灌人心，使疾化于妖下。"①

在王夫之看来，西汉政权的移鼎是儒者挟儒术变乱风俗、蛊惑人心导致的恶果。这也让我们深刻反思王莽改制的失败原因。无论儒者还是王莽，可以说都怀有私心，违背了思想学术发展和政治变革的规律，有乖于国情民意，他们都在本质上背离了儒家中道原则，因而失败不可避免。②

----

① 王夫之著：《读通鉴论》（上册），中华书局1975年版，第134页。

② 参引韩星著：《儒法整合　秦汉政治文化论》，中国社会科学出版社2005年版，第237—244页。

　　纵览汉史，从汉惠帝至景帝，德、刑基本适中；汉武帝元光五年（前130年）至征和四年（前89年）间，德、刑失衡；征和四年，汉武帝颁布《轮台诏》，德、刑又趋适中；昭、宣两朝，德、刑也较为适中，从而出现了"昭宣中兴"的局面。由此观之，从汉武帝时开始确立的"霸王道杂之"的"汉家制度"可以说是一种行之有效的治国方式，因此为后世所称颂和遵循。

　　从秦孝公时代商鞅变法到汉武帝时代董仲舒的理论构建和实践探索，以儒、法思想为主的各家思想经过长期的"磨合"，此时告一段落。"秦汉政治文化整合的结果形成了礼法并用、德刑兼备、王霸结合的基本构架，这其中王霸结合是整体的概括，礼法并用、德刑兼备是其不同侧面的展开和延伸。它们之间的关系是：王与霸、礼与法、德与刑是双双对应的，相反相成，结构为一体，而王霸是涵盖礼法、德刑的。言王霸可以指礼法，也可以指德刑，当然可以指代自己；言礼法或德刑，在特定情况下，也可指代王霸。这一基本构架在儒法两家思想体系上，王道、礼治、德治和霸道、法治、刑罚又分别是两家思想体系主要支柱的借用。而这种'借用'又不是绝对一一对应的，虽不能说王、礼、德就绝对是儒家的，而霸、法、刑又确乎可以说完全是法家的。也就是说，儒家在思路上是两点论，法家是一点论。儒家的两点论无法家一点论的配合又落不到实处，是悬空的；法家的一点论任其发展又走向极端，造成很多弊端，它必须回过头去受儒家的制约。这样，一虚一实，一高一下，便可以构成立体网状，相反相成、相互对立、相维相济的结构体。"① 这一政治文化模式，为造就雄浑、质朴、开放、刚柔相济的中国政治文明做出了独特的贡献，奠定了中华民族此后两千年历朝历代治国理政模式的基础。

---

① 韩星著：《儒法整合 ——秦汉政治文化论》，中国社会科学出版社2005年版，第244—245页。

第七章　华夏最强音

——大一统与中国政治

秦制与周制的使命一样，都是创造大一统的家国天下。周制从族权逻辑出发，而秦制则是从政权逻辑出发；推动周制成长的是礼制及其贵族势力，而推动秦制成长的则是法家理论以及能够为皇帝管理天下的文臣武将。所以，相对周制来说，秦制无疑是进步的。秦制的确立过程，不仅是一个制度替代的过程，而且也是用皇帝—官僚的权力结构替代君王—贵族的权力结构的过程。这个过程最终通过秦统一中国、建立皇帝制度得以完成。正如周制所形成的家天下有其内在的矛盾一样，秦制所形成的家天下也有内在的不可克服的矛盾。前者的矛盾导致空间上的诸侯割据，后者的矛盾则是导致了时间上的朝代更替。

第一节　大一统是中国传统政治文化最鲜明的符号

中国是一个拥有数千余年传统政治文明积淀深厚的国度。大一统，构成了这个地大物博、历史悠久的国度中传统政治与文化的最大格局和最鲜明的符号与特征。

迄今为止，大一统政治形态主要可分两种：

一、传统的；

二、现代的。

传统政治形态，从传说的三皇五帝开始，生根、萌芽、破土而出、苗壮成长，从部落之间往来开始，到家天下的国家出现；从万邦时代纷杂异彩的政治形成到将血缘、地缘充分扬弃与整合而后形成的宗周新的政治文明；从秦王朝开创的以及为后来历朝各代所继承并不断发扬光大的大一统的中央集权国家政治到1912年孙中山引进欧美的共和政治，其间绵延数千年，历经了无数风风雨雨，才构筑了屹立于世界而不倒的具有东方特色的大一统政治模式与文化价值及民族观念。

所谓现代政治形态，时间则不算太长，是晚清以来中国人源于救亡图存的需要，采取拿来主义，照搬照抄于西方与前苏联的结果。近代以来，几乎世界上所有的大大小小的帝国主义国家都曾经侵略与欺负过中国，对中国进行过殖民掠夺。在亡国灭种危机面前，中国人暂时放下曾经引以自豪的传统政治文明，在经历了无数次的实验和探索之后，最后选择了社会主义制度；在综合现代西方政治文明、社会主义制度以及中国国家原有生态的基础上，创建了具有中国特色的现代政治形态。

与典型的东方式传统政治文明相比，中国现代政治文明是价值取向完全不同的两种政治形态，它们之间没有直接的关系，唯一的联系是从古至今没有解体的中国社会以及剪不断理还乱的历时数千年才积淀起来的中华民族的政治生态、政治价值、政治观念、政治生活方式。

经过近一个世纪的实践与探索，时至今日，人们越来越认识到：无论是典型的大一统传统政治形态，或者是以民主为基础的西方现代政治形态，都各有其不同的用世价值，二者之间没有你高我低的是非判断，有的只是谁更适合中国的国情，谁更能让中国走向繁荣与富强；有的只是如何能发掘它们真正的价值，做到古为今用，洋为中用，从而真正达到国家的富强与人民幸福的目的。

由于现代中国政治主要是依据于西方政治的文明而建立，人们在日常生活中常常会产生这样的疑惑：中国现代政治，到底是西方的，还是中国的？中国之路，是应该按照西方的逻辑走，还是按照中国的逻辑走？抑或是"中学为体，西学为用"，将传统与现代两种模式高度兼容？这种困惑，多少影响到了人们对中国现代政治及其未来前途和方向的认识与把握，成为眼下国人亟须探讨与研究的一个重要的课题。

对此，本书给出的答案是：历史不能割断，现状必须承认。在全球化、现代化、民族国家高度化的今天，中国政治应该从中国本身出发去把握。一切以实事求是，具体问题具体分析为根据，以国家统一富强，人民幸福快乐为整合与发展的出发点，以大一统文明为基础根本，开创出一条真正适合中国具体国情并能充分引导我们实现中华民族伟大复兴的新的政治运行模式。

第二节　大一统政治形态经历四个阶梯式发展阶段

中国传统政治形态的形成经历了一个漫长而复杂的演变过程。

"中国政教，以先秦为一大关键。"①

"至黄帝时，生齿日繁，民族竞争之祸，乃不能不起，遂有炎帝、黄帝、蚩尤之战事，而中国文化，借以开焉。"②

"中国之教，得孔子而后立。中国之政，得秦皇而后行。中国之境，得汉武而后定。三者皆中国之所以为中国也。自秦以来，垂二千年，虽百王代兴，时有改革，然观其大义，不甚悬殊。譬如建屋，孔子奠其基，秦、汉二君营其室，后之王者，不过随时

---

① 《夏曾佑集》（上），上海古籍出版社2011年版，第445页。

② 《夏曾佑集》（下），上海古籍出版社2011年版，第796页。

补苴，以求适一时之用耳，不能动其深根宁极之理也。"[①]

历史传说表明，华夏政治文明的源头大致是在大洪水时代前后的炎黄时代。为了争夺生存的空间，黄帝部落与炎帝部落，炎黄部落与蚩尤部落先后多次发生战争，最后，打败炎帝与蚩尤的黄帝成为华夏民族公认的始祖，共主制度开始出现。

中原地区华夏族部落联盟共主制度的形成，是早期中国人对大一统政治的最初探索。

虽然，"部落文化中的共主制度，其实只是一个组织化程度很低的契约，共主自营的领土面积比较小，对加盟者的控制力也比较弱"[②]，但毕竟是华夏族先祖寻求用统一和政治协商的办法来解决争端的一种智慧性的尝试。这一政治体制形成后，鉴于战争的腥风血雨与极度的破坏性，各部落联盟的首领共同探讨出了用体制的力量来融解冲突与避免流血的办法，逐渐形成了尊重实力与秩序的双重观念，形成了后来尧舜禹最高权力相对和平过渡的局面，充分显示出了中国政治智慧的早熟性。

公元前 21 世纪，启据禹位，建立夏王朝，破坏了部落联盟首领由大家推举的公天下的共主制度，家天下从此代替了公天下，王权制度代替了共主制度，公共权力进一步集中，这是中国大一

---

① 《夏曾佑集》（下），上海古籍出版社2011年版，第947页。
② 成君忆著：《中国历史周期律》，北京理工大学出版社2013年版，第16页。

统政治早期探索的阶梯式的第二个阶段。

夏王朝虽然破坏了大洪水时代形成的政治体制，但在中国政治前进的道路上，却是向前迈开了很大的一步，这主要表现在公共权力更加集中等方面。但因为历史的惯性，有夏一代，残存的部落联盟体制与固有部落血缘族群观念仍然在顽固地发挥着作用，氏族部落联盟长期形成的最高权力交替时避免武力冲突的体制仍然在发挥着十分重要的影响。

公元前 14 世纪，商王朝代夏而兴。方国体制开始代替氏族部落体制，以血缘为中心的部落群体生存方式开始逐渐让步于地缘生存的部落群体方式。尽管这只是一个初步，但毕竟预示着中华政治文明又向前迈进了一大步，大一统政治与文化也随之又向前行走了一大步。

公元前 11 世纪，周武王灭商。周政权在伟大政治家周公旦带领下大胆创新，先后实行分封制、宗法制、礼乐制，将商王朝的殷民部落分散迁徙至各诸侯国家，同时放弃商王朝的崇神政治，以民为本，高举以德治国的旗帜，建立起了一个完全不同于前代的新的政治文明体制，形成了家国同构、天下一体的国家政治与观念。这是中国早期政治文明发展的又一个高峰。分封制、宗法制、礼乐制的全面确立，标志着中国王权政体时代从此进入君权政体时代，标志着早期中国政治从邦国制转型到了封建制的时代，这是早期中国人对大一统政治的探索进入了阶梯式的第三个发展阶段的重要标志。

春秋战国时代，分封制的弊端毕露，周天子的天下共主地位发生动摇，战乱蜂起，连绵不断。在探索政治治理的过程中，百家并起，各种治国方案纷纷登台，其中，儒家、法家、兵家、墨家、道家等诸子影响最大。到战国中后期，先后形成了齐国稷下学宫与秦国相邦吕不韦组织门客编著《吕氏春秋》为代表的整合力量，他们的天下一统的政治主张，为即将出现的大一统国家政权在政治理论上做了充分的准备。

公元前 221 年，秦始皇统一六国，开创皇帝制度，用官僚制代替贵族制，用郡县制代替分封制，建立了以君权至上、高度中央集权的大一统帝国，从国家治理，到日常的民众生活，全部纳入国家的政治生活之中。这是对周政的扬弃，是中国早期政治文明发展从此进入第四个阶梯式阶段的重要标志。以此为标志，中国君权政体时代进入皇权政体时代，封建贵族制被郡县制官僚制度所替代。

公元前 202 年，汉王朝建立。统治者汉承秦制，同时十分重视总结亡秦的教训，将历史与现实有机结合，采用郡县制与分封制并存的双轨体制，等到西汉中期条件成熟后，才彻底废除了分封制，完全实行中央集权大一统政治治理模式。同时，汉朝统治者实现国策转移，采纳百家主张，先后对黄老及儒、法数家的治国理政的理论进行高度整合，最终形成了颇具汉家特色的"霸王道杂之"政治治理之道，并对后代发生深刻影响。

"百代都行秦政法"的事实告诉我们，中国传统政治大一统即传统华夏政治的"东方模式"至汉代已经完全形成，并经此后历代王朝不断继承与发展，已经成为中华民族政治与文化生活中不可或缺的一个有机部分。

第三节 "大一统"是华夏民族文化共同体的需要

"大一统"政治主张的提出，是华夏民族政治与文化共同体建设和发展的客观需要。

早期儒家在这方面下了很大的功夫。

大一统观念的产生，时间应该很早。儒家经典中很早就有对"大一统"理想的描述与向往。

在《尚书·尧典》中有"光被四表""以亲九族""平章百姓""协和万邦"，虽然还比较松散，却已有了一个中心，尧就是这个中心。在这个中心之外，围绕这个中心形成不同层次的政治圈，有小到大，由最亲近的"九族"到周围的"百姓"，再到远方的"万邦"。这是一个大一统系统，是中国政治文明史大一统的最初雏形。后来，这个系统一直延续了下来，并且在夏商时期得到进一步的发展。到了周王朝，周公采取封建制度，运用分片包干的办法，把天下广阔的土地与众多的民众，一起分封给先王之后、开国功臣以及自己的亲戚，由他们分别管理。周王称周天子，封国国君称诸侯。《诗经·小雅·谷风之什·北山》中说："溥天之下，莫非王土；率土之滨，莫非王臣。"这就是说："王"的权力遍及四海之内，宇内田野都是"王"的土地，民众都是"王"的臣民。这一诗句，充分体现了早期人们心目中的大一统观念，后来不断被世人频繁引用，成为国人所信奉的一种普遍的政治信条。

春秋时期，周王室衰微，五霸率诸侯尊王攘夷，是对大一统观念的继承。秦得天下，就下令统一文字货币度量衡，这些措施，也可以看作是大一统的继续。"车同轨，书同文"对后代影响很大，成为中华民族形成强大凝聚力的一个重要因素。

周公定制，其礼乐等级制度一直为后人所继承。

据《左传·昭公七年》中记载，楚王做令尹的时候，使用国君的旌旗去打猎。大臣芊尹无宇就砍断了他的旌旗，义正词严地说："一个国家两个君王，有谁受得了？"臣下刚有分君权的企图，就受到"一国两君，其谁堪之？"的严正责难。芊尹无宇说："天子经略，诸侯正封，古之制也。封略之内，何非君土？食土之毛，谁非君臣？故《诗》曰：溥天之下，莫非王土。率土之滨，莫非王臣。"引用《诗经》的名句来作为他论证的依据，告诫君王不要数典忘祖。

孔子的理想国是大一统的君主国家。《礼记·坊记》载孔子言："天无二日，土无二王，家无二主，尊无二上。"在大一统的君主国家里，天子享有至高无上的权力，国家的一切政事出自天子："天下有道，则礼乐征伐自天子出。"①春秋时"礼乐征伐自诸侯出"正是天下无道的表现。由于君主的至尊地位，君主必须是圣王明君。儒家宣扬的尧、舜、禹、汤、文、武等就是理想国中的理想王。《孟子·万章上》中也曾引述了《诗经》中的这一句以及孔子"天无二日，民无二王"的话来表述儒家的大一统的政治主张。

孔子所说的"天无二日，民无二王"，见于《礼记·曾子问》和《礼记·坊记》，然而都写作"天无二日，土无二王"。很显然，"天无二日，民无二王"或者"天无二日，土无二王"，也是"大一统"政治意识的朦胧体现。

"大一统"一词的明确提出，最早见于《公羊传·隐公元年》。

在对于《春秋》一书中为什么以"王正月"启始这一问题，作者回答道："大一统也。"

大一统政治体制，是儒家的政治理想，但是，在当时春秋战国百家争鸣的时代，却并不仅仅是这一派政治学说的主张。和一切政治概念同样，同一政治命题，可以从不同角度来进行解释，可以为不同立场的人们所利用。

大一统主张，可谓是春秋战国时代诸子百家的共同主张和要求。只不过他们之间的区别在于，对于"大一统"来说，儒家往

---

① 《论语·季氏》。

往期望恢复周王朝"大一统"的礼乐有序，而其他学派则倾向于根据现实情况建立在新的政治基础上的新的"大一统"秩序。

早期法家的政治理论即以君主权力的一元化为思想基点。《慎子·佚文》载录慎到的言论："多贤不可以多君，无贤不可以无君。"强调政治权力一定要集中，避免二元和多元的倾向，因为这种倾向将会导致动乱，如《慎子·德立》所说："两则争，杂则相伤。"《太平御览》卷三九十引《申子》也说，这种高度集中的君权，是以统治天下为政治责任的，"明君治国"，"一言正而天下定，一言倚而天下靡"。以"天下"作为管理的对象，表明事实上"大一统"的意识已经深入到法家理论的核心之中。

与大一统的提法相表里，"天下"的说法，最早见于《尚书·大禹谟》，这就是所谓"奄有四海，为天下君"。可见"天下"的观念，一开始就是和"大一统"的观念相联系的。应当看到，这一观念，显然不是一种单纯的地理概念，也不是单纯的文化观念，而是一种政治观念。

与当时"天下"意识的普及相同时，许多思想家都相应提出了统一天下的主张。

《孟子·梁惠王上》说，孟子见梁襄王，梁襄王问：天下怎样才能安定？孟子回答：天下归于一统，就会安定。梁襄王又问：谁能够使天下归于一统呢？孟子回答道：不嗜杀人的国君能够使天下归于一统。

另外，《孟子·离娄上》中还宣传了孟子这样的观点：国君如果好仁，则可以天下无敌。对于同样的政治主张，《孟子·尽心下》表述为"仁人无敌于天下"。

《荀子·王霸》提出"人主者，天下之利势也"的观点。

《易·系辞上》说，"圣人"以"易"为思想基础，就可以"通天下之志"，"成天下之务"，"定天下之业"。

《墨子·尚同中》也曾经提出过"一同天下"的说法。

甚至逍遥如庄子者也曾经发表类似的涉及"天下"这一政治命题的观点。如《庄子·天道》中所谓"一心定而王天下"，《庄子·让王》中所谓"唯无以天下为者，可以托天下也"等。

成为战国晚期秦国政治建设和政治管理指南的《韩非子》，可能是先秦诸子中谈到"天下"一语频率最高的一书，书中竟然谈及"天下"多达267次。其中多见所谓"霸天下"，"强天下"，"制天下"，"有天下"，"取天下"，"治天下"，"王天下"，"一匡天下"，"强匡天下"，"进兼天下"，"谓天下王"，"为天下主"，"取尊名于天下"，"令行禁止于天下"等。而"一匡天下"凡四见，"治天下"凡六见，"王天下"凡六见。很显然，谋求对"天下"的统治，谋求"大一统"政治体制的建立，已经成为当时士大夫们十分明确的政治目标，已经成为春秋战国以来中国政治十分急切的发展需要。使"天下"归于"大一统"，已经成为许多政论家的政治理想。争取实现政治"大一统"的"天下"，已经成为当时许多政治理论家的政治追求。

由此可见，春秋战国时期，"大一统"政治理想能够形成，并得以传布，这表明华夏政治文化在走向统一、走向成熟的历史进程中又迈过了一个新的台阶。

但是，在如何实现大一统的问题上，诸家意见不一。

孟子《孟子·公孙丑上》中提出反对通过战争手段"以力服人"，而应当推行"王道"，实施"仁政"才可能实现"大一统"的主张。但是，这与当时的政治现实相差太远。兼并时代，各国都在积极强兵备战，企图通过武力使"大一统"的理想得以实现，孟子愿望虽好，但实现的办法却不符合现实实际需要。

吕不韦在《吕氏春秋·荡兵》中提出，古代圣王和古代贤王都有"义兵"，以正义的军队、正义的战争实现其圣贤之业。"义兵"，是医治天下弊病的"良药"。以实现"大一统"为目的的战争形式，皆可视作"义兵"。

法家支持用战争解决问题自不必说，就是长沙马王堆汉墓出土帛书中，亦有成书于战国晚期的体现道家政治思想的《十六经》，其明确肯定在"今天下大争"的形势下，应当坚持"为义"的"兵道"，"伐乱禁暴"。

春秋战国以来大一统局面最终由秦国来完成。秦王嬴政就是以强大的军事力量为基础，通过严酷的战争形式，灭六国，建立了第一个高度集权的专制主义帝国，实现了"大一统"的政治局面的。按照《史记·秦始皇本纪》中李斯等人赞美秦始皇的说法，即："今陛下兴义兵，诛残贼，平定天下，海内为郡县，法令由一统，自上古以来未尝有，五帝所不及。"所谓"海内为郡县，法令由一统"的"大一统"的局面，是通过"兴义兵"的战争过程实现的。

应当看到，儒家较早提出"大一统"的理想，却没有找到真正实践"大一统"的正确道路。战国时期以法家、兵家为主的诸家学派的共同努力，使"大一统"终于成为一种政治现实。

"大一统"的理想，符合社会发展趋势，为当时社会大多数人所共同向往。秦国实现"大一统"的战争过程，与历史进步的方向是一致的。[1]

第四节　大一统是中国民族国家现代政治建构的基础

从中国现代政治的结构要素来看，中国现代政治与中国传统政治之间没有直接的渊源关系，其成分主要来自西方所开启的现代政治文明体系。然而，不应忘记，中国现代政治是中国人自己建构起来的，尽管近代中国人直接采取拿来主义，力图超越

---

[1] 参见齐涛主编，王之今著：《中国政治通史·走向大一统的秦汉政治》，泰山出版社2003年版，第33—36页。

中国传统政治的价值与制度系统，但其所立足的还是几千年延续下来的中国社会。中国现代政治形态的周围，仍然到处充满传统的气息，充满着中国人自己的价值观念与判断。结果是，在西方人的眼中，中国现代政治不是西方的正统模式，将之打入另册；而在现代中国人看来，中国现代政治不是从中国文明中自生自长出来的，是学来的，很多人也对之采取不痛不痒的态度。这就使得中国现代政治缺乏有效的自我认同，无法明晰地告诉世人：我是什么，从何而来，为何如此，能量何在，存在理由何在。

其实问题并不复杂，我们如果仔细回顾一下中国从古代政治向现代政治转变的整个历史过程，仔细考察其中的种种前因后果，就会发现，中国现代政治不是凭空而来的，是中国人在经历了一次次试错性的探索和实践后而慢慢摸索出来的。

在这其中，有两个历史大势起了决定性的作用：

其一，人民成为国家的主人，即人民民主；

其二，保持国家在向现代转型过程中政治、经济、文化、领土、民族心理等全方位的统一性和整体性，其目的是使千年文明古国实现整体的现代转型。

实际上，中国现代政治的具体制度选择及其所决定的国家组织形态，是由中国大一统历史大势所决定的。作为中华民族生存与发展形态的大一统，是中国现代化发展的历史、社会与文化之根，是中国建构具有内在统一性的一体化现代国家的社会基础所在。

马克思早就指出："人们自己创造自己的历史，但是他们并不是随心所欲地创造，并不是在他们自己选定的条件下创造，而是在直接碰到的、既定的，从过去承继下来的条件下创造。"① 可见，任何现实的活动与发展，都必须要面对历史所塑造的现实基础及其所蕴含的内在规定性。无论是从历史上观察，还是从现实细看，国家的统一和发展，始终是中国人内心深处最强大的文化信仰和政治使命。在现代化转型中如何有效维系住一个政治、疆域、文化、人心统一的中国，如何使千年古国完整地转型为现代国家。从辛亥革命以来，我们这方面教训不少。历史经验证明，大一统是中国之轴，是中国现代政治建立的根基，失去了大一统，中国就会一盘散沙，就会失去生机与震撼世界的能量，就会与复兴民族伟大事业的机遇擦肩而过。

第五节　大一统是中国政治文明一种自然历史延续

历史与社会的发展是不以人的意志为转移的。

---

① 马克思：《路易·波拿巴的雾月十八日》，《马克思恩格斯选集》第1卷，人民出版社1995年版，第585页。

　　不论现实的运动以及人们的主观意志如何冲击历史本身的内在逻辑与发展趋势，过去发生过的无数次历史事实都已经证明，所有一切不过是"抽刀断水水更流"。传统是割不断的。

　　就中国现代政治建构而言，人们固然可以依据现代化发展所带来的人的社会存在方式变化来建构，但却无法超越中国人在几千年历史、社会与文化发展中形成的族群存在方式及其文化价值观念的影响。清末民国时期，当人们用民主来否定中国传统社会政治上的大一统君主专制的时候，也否定了中国人作为族群存在和发展而形成的社会大一统。而中国近代以来致力建构现代国家的历史恰恰表明：中国现代国家的建构，实际上是在告别大一统的君主专制的同时，又是在紧紧围绕着作为中华民族生存和发展形态的大一统而展开的。

　　维持与巩固国家内在统一是创造现代中国政治的历史大势，但中国现代政治的形成过程，却是一个在价值上和行动上否定中国传统社会用于维系其内在统一的大一统政治传统的过程。正因为如此，基于民主共和所形成的历史大势几乎完全掩盖了维系国家统一与中华民族大一统的历史大势对现代政治建构所起的决定性作用。维系统一与维持大一统确实不是一回事。维系统一，是从国家建构来讲的，而维系大一统是从中华民族维系来讲的。对于具有两千多年大一统政治传统的中国人而言，其在现代国家建构中维系统一国家的行动与维系大一统的中华民族的行动是紧密联系在一起的。在传统中国，国家的统一与中华民族的大一统结构是相互影响、相互塑造、相互决定的，相互发展完善的一个和谐共生的过程，这使得中华民族大一统结构成为传统中国向现代国家转型所必须面对的现实基础和内在要求。对于传统中国社会来说，"大一统"既是一种政治形态，但同时也是中华民族得以生存与发展的组织形态与文化心理形态。正是这种大一统，使得中国文明能够延续至今。

中国是在原始社会末期氏族部落联盟时代聚合成一个政治共同体后逐渐迈入文明时代门槛的。这使得中国传统的政体演进是呈阶梯式步步提高的，先后经历了氏族部落联盟共主政体、夏商时代的王权政体、周代的君权政体与秦帝国至清亡的皇权政体。在这阶梯式演进中，首先迎来的就是基于氏族部落通过共主聚合为一个共同体的共主政体时代。夏王朝虽然开启了王权政体时代，但由于组织化程度很低，显得很粗线条，商王朝是这个时代的继续和发展。王权政体的最大特点在于：中央集权是基于称王的部族对其他部族的聚合，形成以王畿为中心的四方共主格局而确立的。夏商的政治体系与周王朝在全面兴起的分封制基础上形成的政治体系完全不同。周王朝将君权政体建立在血缘宗法制度基础之上，以贵族制为支撑体系。随着分封制的全面确立，王权政体时代也就进入到君权政体时代，王权政体被君主政体所替代。与此相应，以万邦共主为机制的大一统开始向以宗法制为机制的大一统演进。春秋时代出现的诸侯割据是这种君主政体不完善的产物。春秋末年，大国诸侯还在鼓吹尊王攘夷。但到战国时代，各国诸侯，都将寻求天下统一，重建大一统格局作为其最基本的政治理想。由此可见，早期中国在迈入文明门槛，开始国家发展历史的时候，就是将建立大一统的格局作为国家的理想与使命的。

不仅如此，我们再从传统社会结构来观察，由于在传统社会，人的现实社会存在不是作为"个体"的存在，而是作为共同体一员的"共同体成员"的存在，其个人的实际社会存在正如整个族群一样，也都是将大一统作为其生存与发展的基本形态。这就使得政治的大一统与作为族群和个人生存与发展形态的大一统具有内在的一致性。这种一致性可以从中国传统社会信奉的"修身、齐家、治国、平天下"的政治逻辑中得到充分的体现。在这个逻辑中，个体、家族、民族、国家是贯通的，治国平天下是个体人生最有价值的社会追求，其背后的共同心理与文化基础即是基于大一统生存状态所形成的天下情怀。

由此可见，在中国传统社会，"大一统"体现为人的社会存在、中华民族的生存与发展以及传统政治体系三者的浑然统一，既是政治的大一统，也是中华民族的大一统，进而也是人与家庭、与社会、与国家的大一统。从这个意义上讲，对于中国社会和中华民族来说，大一统是中国人创造的一种生存与发展的文明形态，传统国家的大一统政治是这种文明形态的代表性产物。

如此，我们可以得出如下结论：

中国传统的大一统政治和文化形态早已有之。但其系统的价值观与文化观则奠定于周秦时期，尤其是秦统一中国后所确立的中央集权制的官僚政治。

汉承秦制，在独尊儒术的意识形态政策中，为大一统政治配置了相应的意识形态基础。

由此，大一统政治成为中国传统国家的根本政治形态，所谓"百代都行秦政法"，正是基于中国古代的历史事实所做出的符合实际的结论。

历史已经证明，冰冻三尺非一日之寒，中国传统的大一统政治形态，不是基于一日之功而骤然形成的，而是数千年成长和演化而成的一种自然的结果。它根植于中国传统社会，滋养于中国人的文化智慧，成长于中国历史的风云变幻，因而，它在形态上与中华民族大一统的生存与发展形态相契合，在功能上与中国传统的家天下的皇权国家相契合，从而将社会与国家紧密联系成为一个有机整体，同时又有效地支撑起庞大的传统型家国体系的组织与运转。①

今日，要想把中国建设成为一个政治上高度统一，经济与文

---

① 参见林尚立著：《当代中国政治基础与发展》，中国大百科全书出版社2017年版，第24—48页。

化上高度发展，各民族相互融合和共同繁荣的富强国家，就迫切需要发掘文化传统中的大一统资源，真正做到古为今用，在今日世界的政治文化格局中，从自己的实际出发，建立起自己民族的、独一无二的中国特色和强大自信基础上的政治文化品牌。

这，就是结论。

主要参考与引用文献

一、文献史料（以出版时间顺序排列）

洪迈著：《容斋随笔》，商务印书馆 1959 年版。

司马光主编：《资治通鉴》，中华书局 1965 年版。

高亨注译：《商君书注译》，中华书局 1974 年版。

王充：《论衡》，上海人民出版社 1974 年版。

李贽著：《藏书》，中华书局 1974 年版。

李贽著：《史纲评要》，中华书局 1974 年版。

李贽著：《续藏书》，中华书局 1974 年版。

李贽著：《焚书》，中华书局 1975 年版。

王夫之著：《读通鉴论》，中华书局 1975 年版。

袁愈荌译，唐莫尧注释：《诗经全译》，贵州人民出版社 1981 年版。

孙诒让著：《墨子间诂》，中华书局 1986 年版。

王利器著：《新语校注》，中华书局 1986 年版。

张纯一著：《晏子春秋校注》，中华书局 1986 年版。

汪荣宝著：《法言义疏》，中华书局 1987 年版。

赵翼著：《廿二史札记》，中国书店 1987 年版。

朱熹：《四书集注》，岳麓书社 1987 年版。

禹克坤译注：《四书全译》，贵州人民出版社 1988 年版。

荀悦：《申鉴》，上海古籍出版社 1990 年版。

杨伯峻编注：《春秋左传注》，中华书局 1990 年版。

江灏、钱宗武译注：《今古文尚书全译》， 贵州人民出版社 1990 年版。

王守谦、金秀珍、王凤春译注：《左传全译》，贵州人民出版社 1988 年版。

刘向著：《说苑》，上海古籍出版社 1990 年版。

张耿光译注：《庄子全译》，贵州人民出版社 1991 年版。

徐子宏译注：《周易全译》，贵州人民出版社 1991 年版。

《毛泽东选集》第 4 卷，人民出版社 1991 年版。

《论语正义》，河北人民出版社 1992 年版。

《孟子正义》，河北人民出版社 1992 年版。

《老子注》，河北人民出版社 1992 年版。

《庄子集解》，河北人民出版社 1992 年版。

《管子校正》，河北人民出版社 1992 年版。

《吕氏春秋》，河北人民出版社 1992 年版。

《淮南子》，河北人民出版社 1992 年版。

《新语》，河北人民出版社 1992 年版。

张觉译注：《韩非子全译》，贵州人民出版社 1992 年版。

王守谦等译注，《战国策全译》，贵州人民出版社 1992 年版。

苏舆著：《春秋繁露义证》，中华书局 1992 年版。

张觉译注：《商君书全译》，贵州人民出版社 1993 年版。

黄永堂译注：《国语全译》，贵州人民出版社 1995 年版。

《二十五史》标点本，中州古籍出版社 1996 年版。

谢浩范、朱应平译注：《管子全译》，贵州人民出版社 1996 年版。

柳士镇、刘开骅译注：《世说新语全译》，贵州人民出版社 1996 年版。

王国维：《王国维文集》，中国文史出版社 1997 年版。

司马迁：《史记》，中华书局 2000 年版。

班固：《汉书》，中华书局 2000 年版。

范晔：《后汉书》，中华书局 2000 年版。

阎振益、钟夏校注：《新书校注》，中华书局 2000 年版。

陈奇猷：《韩非子新校注》，上海古籍出版社 2000 年版。

张双棣、张万彬等：《吕氏春秋译注》（修订本），北京大学出版社 2000 年版 。

史礼心、李军注：《山海经》，华夏出版社 2005 年版。

王梦鸥注译：《礼记今注今译》，新世界出版社 2011 年版。

斯彦莉译注：《近思录》，中华书局 2011 年版。

《夏曾佑集》（上、下），上海古籍出版社 2011 年版。

张世亮、钟肇鹏、周桂钿译注：《春秋繁露》，中华书局 2012 年版。

王盛元译注：《孔子家语译注》，上海三联书店 2012 年版。

马世年译注：《新序》，中华书局 2014 年版。

二、学术著作（以出版时间顺序排列）

侯外庐等：《中国思想通史》，人民出版社 1957 年版。

顾颉刚著：《秦汉的方士与儒生》，上海人民出版社 1978 年版。

袁珂校注：《山海经校注》，上海古籍出版社 1980 年版。

杨宽著：《战国史》，上海人民出版社 1980 年版。

林剑鸣著：《秦史稿》，上海人民出版社 1981 年版。

瞿同祖：《中国法律与中国社会》，中华书局 1981 年版。

张岱年：《中国哲学大纲》，中国社会科学出版社 1982 年版。

马非百著：《秦集史》（全二册），中华书局 1982 年版。

郭沫若著：《郭沫若全集·历史编2》，人民出版社 1982 年版。

吕思勉著：《秦汉史》，上海古籍出版社 1983 年版。

李学勤著：《东周与秦代文明》，文物出版社 1984 年版。

钱穆著：《先秦诸子系年》，中华书局 1985 年版。

安作璋、熊铁基著：《秦汉官制史稿》，齐鲁书社 1985 年版。

黄留珠著：《秦汉仕进制度》，西北大学出版社 1985 年版。

林剑鸣等著：《秦汉社会文明》，西北大学出版社 1985 年版。

张传玺著：《秦汉问题研究》，北京大学出版社 1985 年版。

左言东主编：《中国政治制度史》，浙江古籍出版社 1986 年版。

余英时著：《士与中国文化》，上海人民出版社 1987 年版。

刘泽华主编：《士人与社会》（先秦卷），天津人民出版社

1988 年版。

郭志坤著：《秦始皇大传》，上海三联书店 1989 年版。

郑良树著：《商鞅及其学派》，上海古籍出版社 1989 年版。

孙实明著：《韩非子思想新探》，湖北人民出版社 1990 年版。

孙实明著：《韩非思想新探》，湖北人民出版社 1990 年版。

晁福林著：《霸权迭兴——春秋霸主论》，三联书店 1992 年版。

［英］崔瑞德、鲁惟一编：《剑桥中国秦汉史》，中国社会科学出版社 1992 年版。

田余庆著：《秦汉魏晋史探微》，中华书局 1993 年版。

祝瑞开主编：《秦汉文化与华夏传统》，学林出版社 1993 年版。

韩国磐：《中国古代法制史研究》，人民出版社 1993 年版。

钱穆著：《中国文化史导论》，商务印书馆 1994 年版。

李学勤著：《走出疑古时代》，辽宁大学出版社 1994 年版。

白寿彝主编：《中国通史》，上海人民出版社 1994 年版。

丁守和主编：《中国历代治国策选粹》，高等教育出版社 1994 年版。

袁济喜：《两汉精神世界》，中国人民大学出版社 1994 年版。

林剑鸣著：《吕不韦传》，人民出版社 1995 年版。

陆思贤著：《神话考古》，文物出版社 1995 年版。

周桂钿著：《董仲舒评传》，广西教育出版社 1995 年版。

吴荣曾著：《先秦两汉史研究》，中华书局 1995 年版。

罗国杰主编：《中国传统道德》，中国人民大学出版社 1995 年版。

谢维扬著：《中国早期国家》，浙江人民出版社 1995 版。

梁启超：《先秦政治思想史》，东方出版社 1996 年版。

郭沫若著：《十批判书》，东方出版社 1996 版。

白钢主编：《中国政治制度通史》，人民出版社 1996 年版。

王育民著：《秦汉政治制度》，西北大学出版社 1996 年版。

阎步克著：《士大夫政治演生史稿》，北京大学出版社 1996 年版。

张锡勤著：《中国传统道德举要》，黑龙江教育出版社 1996 年版。

巴新生著：《西周伦理形态研究》，天津古籍出版社 1997 年版。

高正著：《诸子百家研究》，中国社会科学出版社 1997 年版。

李存山著：《商鞅评传》，广西教育出版社 1997 年版。

王云度、张文立著：《秦帝国史》，陕西人民教育出版社 1997 年版。

李学勤主编：《中国古代文明与国家形成研究》，云南人民出版社 1997 年版。

李山著：《诗经的文化精神》，东方出版社 1997 年版。

刘修明著：《儒生与国运》，浙江人民出版社 1997 年版。

金春峰著：《两汉思想史》，中国社会科学出版社 1997 年版。

王长华著：《春秋战国士人与政治》，上海人民出版社 1997 年版。

田兆元著：《神话与中国社会》，上海人民出版社 1998 年版。

高敏著：《秦汉史探讨》，中州古籍出版社 1998 年版。

白奚著：《稷下学派研究》，三联书店 1998 年版。

马勇著：《秦汉学术社会转型时期的思想探索》，陕西人民教育出版社 1998 年版。

田静著：《秦宫廷文化》，陕西人民教育出版社 1998 年版。

苏秉琦著：《中华文明起源新探》，生活·读书·新知三联书店 1999 年版。

杨宽著：《西周史》，上海人民出版社 1999 年版。

周桂钿著：《秦汉思想史》，河北人民出版社 1999 年版。

宪义主编：《中国法制史》，中国人民大学出版社 2000 年版。

王遽常著：《秦史》，上海古籍出版社 2000 年版。

周桂钿著：《秦汉思想史》，河北人民出版社 2000 年版。

刘泽华著：《中国的王权主义》，上海人民出版社 2000 年版。

颜吾芟著：《崛起咸阳城——秦始皇的治国谋略》，华夏出版社 2000 年版。

王家范著：《中国历史通论》，华东师范大学出版社 2000 年版。

尚秉和著：《历代社会风俗事物考》，中国书店 2001 年版。

孙家洲著：《两汉政治文化窥要》，泰山出版社 2001 年版。

翦伯赞著：《先秦史》，北京大学出版社 2001 年版。

范忠信著：《中国法律传统的基本精神》，山东人民出版社 2001 年版。

李军著：《士权与君权——上古汉魏六朝政治权力分析》，广西师范大学出版社 2001 年版。

孟祥才著：《先秦秦汉史论》，山东大学出版社 2001 年版。

徐复观著：《两汉思想史》（三卷本），华东师范大学出版社 2001 年版。

卜宪群著：《秦汉官僚制度》，社会科学文献出版社 2002 年版。

焦国成主编：《德治中国——中国以德治国史鉴》，中共中央党校出版社 2002 年版。

吕思勉著：《中国制度史》，上海教育出版社 2002 年版。

孙筱著：《两汉经学与社会》，中国社会科学出版社 2002 年版。

熊铁基著：《汉唐文化史》，湖南人民出版社 2002 年版。

王国维著：《观堂集林》（外二种），河北教育出版社 2003 年版。

张分田著：《秦始皇传》，人民出版社 2003 年版。

齐涛主编：《中国政治通史》（1—3），泰山出版社 2003 年版。

朱贻庭主编：《中国传统伦理思想史》（增订本），华东师范大学出版社 2003 年版。

王绍东著：《秦朝兴亡的文化探讨》，内蒙古大学出版社 2004 年版。

王振中著：《中国古代文明的探索》，云南人民出版社 2005 年版。

李济著：《中国文明的开始》，江苏教育出版社 2005 年版。

许顺湛著：《五帝时代研究》，中州古籍出版社 2005 年版。

韩星著：《儒法整合——秦汉政治文化论》，中国社会科学出版社 2005 年版。

陈明著：《儒学的历史文化功能——以中古士族观现象为个案》，中国社会科学出版社 2005 年版。

国风著：《中国古代的权力结构》，山西人民出版社 2006 年版。

辜堪生、李学林著：《周公评传》，四川大学出版社 2006 年版。

刘泽华著：《中国政治思想史集》（全三卷），人民出版社 2008 年版。

怀效锋主编：《德治与法治研究》，中国政法大学出版社 2008 年版。

胡治洪著：《儒哲新思》，中华书局 2009 年版。

萧公权著：《中国政治思想史》，新星出版社 2011 年版。

关健英著：《先秦秦汉德治法治关系思想研究》，人民出版社 2011 年版。

钱穆著：《周公》，九州出版社 2011 年版。

马平安著：《大秦帝国夭亡之谜》，中国文史出版社 2012 年版。

郭静云著：《夏商周：从神话到史实》，上海古籍出版社

2013 年版。

余秋雨著：《中国文脉》，岳麓书社 2013 年版。

成君忆著：《中国历史周期律》，北京理工大学出版社 2013 年版。

田昌五著：《华夏文明的起源》，中国书籍出版社 2015 年版。

马平安著：《中国传统政治的基因》，新世界出版社 2015 年版。

马平安著：《中国政治史大纲》，新世界出版社 2015 年版。

周桂钿著：《中国政治智慧》，福建教育出版社 2016 年版。

林尚立著：《当代中国政治基础与发展》，中国大百科全书出版社 2017 年版。

逯宏著：《中国五帝时代——北方传说时代多元文化融合研究》，中国社会科学出版社 2017 年版。

跋：新思想之旧途径

"华夏传统政治文明"书系即将付梓，此马平安先生所作也，其著述之苦心孤诣，于自序中已言之甚详，此不论。权且写几句编外话，以代跋。

近来，读史、读诗风行，传统文化之复兴正以其燎原之势横扫神州，国学已然复为显学，可谓昌明时代之盛举。张之洞尝劝学云："世运之明晦，人才之盛衰，其表在政，其里在学。"诚哉斯言！

然则何为"文化"？"经纬天地谓之文"，"文化"即以文教化，以文化育。何为"传统"？"统"可以解为"本"、"始"、"纲纪"……那么传其本、传其始、传其纲纪就是传统么？"五帝不同道，三王不同法"，时移世易，古圣人之文治武功尚能改造今日之世界么？其本始之道统尚可复制于今日么？旧时代之纲常倘能复制于今日，尚复可用么？此人所共知也，不待赘述。传统，不是僵化的一成不变，而是动态的传承更新，其根本还在于传承绵延千年的文化精神，使合之当世，简言之，传统不在复制过去，而恰在开创未来。否则，即是

"糟糠鄙俚叔孙通"之泥古不化，抑或"以往圣人法治将来"之劳而无功，于今何益？

钱穆先生治国学志在"抉发中国历史和文化的主要精神及其现代意义"，是以"周虽旧邦，其命维新"，正其宜也。俞樾治经谈到"著述之经解"不同于"场屋中之经解"，"句梳字栉，旁征博引，罗列前人成说，以眩阅者之目，而在己实未始有独得之见，此场屋中之经解也，著述家则不然，每遇一题，则必有独得之见，其引前人成说，或数百言，或千余言，要皆以证成吾说。合吾说者，吾从之；不合吾说者，吾辨之、较之，而非徒袭前人之说以为说也。"以此来论，马平安先生对华夏传统政治文明的梳理无疑乃著述家之新解也，其著史论政，旨在创新，持论审慎，务求精微，于义理、考据、辞章几方面颇见功力：

一、挖掘渊源，直接元典，而不囿于历代章句之繁琐。

其治学沿袭"六经注我"之旧途径，并不忘旧道统之真谛，因此特别注重经史互证，以加深对元典的解读。

二、务求通博，慎思审问。

作者于史料之拣择可谓弘而审，弘备于史又能审慎拣择；于文则能博而粹，博明万事又约文申义；于义理能明而辨，明觉精察以辨析疏通。酌古以御今，摧陷廓清，而见一家之言。

三、"意古而不晦于深，文今而不坠于浅"。

行文雅正，用典古奥，但不觉其晦涩。说理透彻，不惮其烦，而不流于庸浅。因之以接通学术殿堂与江湖，学术思想得以走出象牙塔，而能经世致用也。

该四书立意高远，以通史之格局，"举其宏纲，撮其机要"，深入探究中华传统政治之治乱成败，国运盛衰，文化消长，政教得失，以为鉴戒，宣张资政，启迪后学。华夏的政治文明，肇于轩黄之大一统，历周秦、汉唐、明清数千载不断建构、完善，终将走向现代化，此作者立言之大端，亦其谋篇之根基也。十九世纪以来，清之君臣因循盛世，固步自封，与海洋文明失之交臂，我国现代化之进程直被延误近一百年！国家昏乱，疮痍满目，政乱世衰矣，其学亦颓败不堪。是以本书作者论及有清一代之政治史，皆本于教训、本于鉴戒立言，切中肯綮，不徒为盛世烟幕所惑，是卒以儆世也。

温故而知新，述往而思来者，吾固知文章乃"不朽之盛事"，然士之读书治学尤当以道德经济为己任也，是所寄望于此四书哉！

赵真一

2018年6月20日